# SIMPLES NOTIONS

SUR LES

# CHANGES ÉTRANGERS

## DU MÊME AUTEUR :

***Note sur l'amortissement en matière de comptabilité***, 1899. (*Épuisé.*)

***Comment lire un bilan***, 1901. (*Épuisé.*)

***Les expertises comptables***, 1902.

***La tenue des livres sur feuillets mobiles*** (en collaboration avec M. Louis Rachou), 2e édition, 1911.

***Étude technique sur la centralisation des écritures journalières***, 1907.

***Du rôle des commissaires-vérificateurs dans les sociétés anonymes***, 1908.

***Éléments de commerce et de comptabilité*** (1 volume de 526 pages), 9e édition, 1910.

***Cours de comptabilité pour l'enseignement primaire supérieur*** (1 volume de 470 pages avec figures), 3e édition. 1910.

**BIBLIOTHEQUE DE L'ENSEIGNEMENT TECHNIQUE**

PUBLIÉE SOUS LA DIRECTION DE

MM. Michel **LAGRAVE**, Inspecteur général honoraire de l'Enseignement technique
Emile **PARIS**, Inspecteur général de l'Enseignement technique

SECRÉTAIRE GÉNÉRAL : Georges **BOURREY**, Inspecteur de l'Enseignement technique



# SIMPLES NOTIONS
## SUR LES
# CHANGES ÉTRANGERS

PAR

**Gabriel FAURE**



PARIS
H. DUNOD ET E. PINAT, ÉDITEURS
47 ET 49, QUAI DES GRANDS-AUGUSTINS (VI$^{e}$ ARR$^{t}$)

1911

# AVERTISSEMENT

Les questions de change ont un aspect un peu confus qui rebute beaucoup de personnes. A l'école, peu d'élèves s'y intéressent vraiment; au bureau, peu de gens connaissent l'origine des formules traditionnelles sur lesquelles repose le travail quotidien.

Étudiant, puis employé de banque, enfin professeur et examinateur de l'enseignement technique, j'ai eu l'occasion d'envisager le change sous différentes faces. Mon expérience personnelle me porte à croire que les difficultés inhérentes à cette étude viennent surtout de la manière dont elle est habituellement conduite. J'ai donc essayé de reprendre la question sous une forme nouvelle, élémentaire et accessible à tout le monde.

Aux ouvrages très savants, qui exigent, pour être compris, un réel effort cérébral, ce petit livre servira d'introduction. Aux répertoires documentaires, où la partie théorique fait souvent défaut, il tiendra lieu de complément. Dans nombre de cas, sa lecture attentive pourra suffire; l'appendice, consacré aux procédés usuels de calcul, permet du reste de résoudre aisément les principaux problèmes dont quelques exemples ont été réunis pour former le chapitre IX.

M. Dufourcq-Lagelouse, directeur de la Banque J. Allard et Cie et vice-président de la Société académique de Comptabilité, a bien voulu jeter un coup d'œil sur l'épreuve du présent travail; c'est pour mes lecteurs une véritable bonne fortune. En ce qui me concerne, je ne saurais trop le remercier de m'avoir ainsi apporté le secours de sa haute compétence et de son indiscutable autorité.

G. F.

# SIMPLES NOTIONS

SUR LES

# CHANGES ÉTRANGERS

## CHAPITRE I

### CONSIDÉRATIONS PRÉLIMINAIRES. — LA MONNAIE ; SES DIFFÉRENTES FORMES.

Les personnes qui font des achats, des ventes ou des placements dans un pays autre que le leur, peuvent se trouver débitrices ou créancières d'une certaine somme en monnaie étrangère. Pour encaisser définitivement la créance ou payer la dette, il leur faut donc échanger cette somme contre une quantité équivalente de monnaie en usage dans leur propre pays : tel est l'objet du *change*.

Pour comprendre les opérations de change, il est nécessaire de savoir exactement ce qu'est la *monnaie*. On appelle ainsi une marchandise que tous les vendeurs d'un même pays sont disposés à accepter en échange de ce qu'ils ont fourni. D'un emploi commode et pratique, cette marchandise sera inaltérable [1], divisible [2], homogène ; elle sera suffisamment précieuse pour représenter une assez grande valeur sous un petit volume [3], mais pas trop ; elle ne sera pas très abondante à certaines époques et très rare à d'autres, etc.

L'or et l'argent sont les substances, actuellement connues, qui réunissent le mieux ces conditions ; aussi, s'en sert-on ex-

(1) Nous ne pouvons qu'indiquer cette question dont l'exposé complet exigerait de longs développements.
(2) Afin qu'on puisse la fractionner, s'il s'agit d'objets de peu de valeur
(3) Ce qui en facilite le transport.

clusivement comme monnaie. Depuis un demi-siècle environ, les principaux peuples commerçants ont même renoncé à faire usage de l'argent [1], de sorte que l'or tend de plus en plus à devenir l'unique moyen d'échange international.

Lorsqu'on veut énoncer la valeur des objets, on la compare à celle d'une quantité fixe de monnaie prise pour unité.

L'*unité monétaire* ou *monnaie de compte* est un poids de métal, déterminé par la loi dans chaque pays. On lui donne un nom, ce qui simplifie le langage.

Ainsi, en France, l'unité monétaire est un poids d'or pur de 0gr,2903225..., qui porte le nom de *franc*. Si vous demandez par exemple quel est le prix [2] d'un volume que vous voulez acheter, l'éditeur répondra : « Ce livre coûte 3 francs », au lieu de dire : « Ce livre coûte 0gr,8709677 d'or pur. »

En Allemagne, l'unité monétaire est un poids d'or pur de 0gr,3584229..., qui porte le nom de *mark*.

En Angleterre, l'unité monétaire est un poids d'or pur de 7gr,32238..., qui porte le nom de *livre sterling*.

En Hollande, l'unité monétaire est un poids d'or pur de 0gr,6048..., qui porte le nom de *florin*.

En Russie, l'unité monétaire est un poids d'or pur de 0gr,77418..., qui porte le nom de *rouble*.

Et ainsi de suite.

(Nous verrons bientôt l'origine de ces chiffres compliqués.)

L'unité monétaire se divise conventionnellement en un certain nombre de parties égales fixées par la loi, ce qui facilite l'énoncé des petites valeurs.

| | |
|---|---|
| Ainsi, le franc se divise en............ | 100 centimes |
| le mark — ............ | 100 pfennigs |
| la livre sterling se divise en..... | 20 shillings |
| le florin se divise en............ | 100 cents |
| le rouble — ............ | 100 kopeks, etc. |

(1) Sauf pour les petits paiements, ou encore chez certains peuples, tels que la France, comme succédané de l'or.

(2) On appelle *prix* d'une chose la quantité de monnaie qu'il faut donner pour acquérir la propriété de cette chose.

Dans la pratique, on fabrique des petits disques revêtus d'une empreinte et représentant une ou plusieurs fois l'unité monétaire; c'est à l'aide de ces disques ou *monnaie réelle*, que les paiements ont lieu.

Seulement, comme l'or pur est très mou, comme il s'userait trop vite, ces disques sont confectionnés avec un alliage plus résistant composé d'or et de cuivre. Le *titre* [1] de cet alliage varie suivant les pays.

En France, en Allemagne, en Hollande, en Russie, il est de 900/1000 (ou 0,900); en Angleterre, il est de 11/12 (ou 0,916 2/3).

Comme exemple de monnaie réelle on peut citer: les pièces françaises de 10 francs et de 20 francs; les pièces allemandes de 10 marks et de 20 marks; les pièces anglaises de 1 livre et 1/2 livre sterling; les pièces hollandaises de 10 florins; les pièces russes de 7 roubles 1/2. La pièce de 20 francs française pèse $6^{gr},4516129$... au titre de 0,900 et contient par conséquent [2] $5^{gr},8064516$... d'or pur, soit 20 fois $0^{gr},2903225$... ou 20 fois 1 franc. Ainsi des autres.

Pour que les petits paiements puissent être effectués, il existe des pièces représentant un ou plusieurs sous-multiples de l'unité monétaire. Ce sont des espèces de jetons en argent, en nickel ou en bronze, dont l'usage est limité, et qui n'interviennent pas dans les questions de change. On leur donne le nom général de *monnaie divisionnaire*, *monnaie d'appoint* ou *billon*.

Les lois des différents pays ne définissent généralement pas l'unité monétaire sous la forme indiquée plus haut.

Ainsi, en France, la loi du 17 germinal an XI prescrit de frapper exactement 155 pièces de 20 francs avec 1 kilogramme d'alliage d'or à 0,900.

(1) Rapport du poids de métal pur au poids total de la pièce.

(2) Soient P le poids d'un lingot, $p$ le poids d'or pur qu'il renferme ; on appelle *titre* le rapport $\frac{p}{P}$. Donc, si $\frac{p}{P}$ = titre, $p = P \times$ titre.

En Allemagne, la loi du 4 décembre 1871 prescrit de frapper exactement 139 1/2 pièces de 10 marks avec une livre (500 grammes) d'or pur.

En Angleterre, les lois de 1816 et 1870 prescrivent de frapper 1869 livres sterling avec 40 livres troy [1] d'alliage d'or à 11/12.

Si l'on veut déduire de ces textes législatifs le poids d'or pur qui, dans un pays donné, représente l'unité monétaire, il faut se livrer à des calculs dont voici un exemple. Nous cherchons, je suppose, le poids d'or pur contenu dans une livre sterling (en abrégé £). Une livre troy (unité de poids) correspond à 373gr,24195 du système métrique. Donc, 40 livres troy équivalent à (373,24195 × 40) grammes. Ce poids d'or au titre $\frac{11}{12}$ renferme une quantité d'or pur égale à

$$\left(\frac{373{,}24195 \times 40 \times 11}{12}\right) \text{ grammes.}$$

Et comme c'est aussi le poids de 1869 livres sterling, une livre sterling pèsera

$$\frac{373{,}24195 \times 40 \times 11}{1\,869 \times 12} = 7^{gr}{,}3223\ldots \text{ d'or pur.}$$

Pour les pays qui ont adopté le système métrique (comme l'Allemagne par exemple) ce serait encore plus simple.

On s'explique maintenant pourquoi le nombre de grammes d'or pur qui sert d'unité monétaire n'est presque jamais exprimé par un chiffre rond.

Dans plusieurs pays, il existe des pièces d'argent pourvues d'une valeur conventionnelle, et dont on peut se servir concurremment avec l'or pour effectuer les paiements. Telle est, par exemple, la pièce française de 5 francs en argent. Elle contient un poids de métal pur égal à 15 fois 1/2 le poids de

(1) La livre troy est une unité de poids usitée en Angleterre. Le lecteur est supposé connaître le système de poids anglais. (Voir appendice, p. 84.)

5 francs d'or pur. Mais, comme l'argent est devenu beaucoup plus abondant qu'autrefois, les particuliers pourraient s'en procurer à bas prix dans le commerce, puis faire confectionner des pièces de 5 francs avec un gros bénéfice; pour éviter cela, l'Etat français s'est réservé le droit exclusif d'en faire frapper, et il n'use de ce droit que dans certaines limites. La Belgique, la Suisse, l'Italie et la Grèce agissent de même ; ces cinq puissances ont fait entre elles une convention connue sous le nom d'*Union latine*, originairement conclue pour internationaliser la monnaie et qui, par des accords postérieurs, a eu comme effet d'éviter que la circulation des pièces de 5 francs en argent ne prenne des proportions excessives.

Les États qui, comme la France, la Belgique, l'Italie, la Suisse et la Grèce, autorisent tout débiteur à s'acquitter en or ou en pièces de 5 francs à son choix, quel que soit le montant de la dette, sont dits *bimétallistes* (1). Ceux qui prescrivent, pour le même objet, l'emploi exclusif de l'or (Angleterre, Allemagne), sont appelés *monométallistes* (2).

Certains établissements financiers mettent en circulation, en échange des effets de commerce ou des espèces métalliques qu'on leur apporte, des écrits ou *billets de banque* par lesquels ils s'engagent à payer au porteur et à vue une certaine quantité de monnaie réelle. Pour pouvoir tenir leurs engagements, les établissements en question doivent constamment avoir en caisse une somme de monnaie telle que tout porteur soit certain d'être immédiatement remboursé s'il le désire.

Chez nous, la Banque de France; en Allemagne, la Reichs-

(1) A vrai dire, il ne s'agit que d'un bimétallisme très relatif, puisque les simples particuliers n'ont pas le droit de faire transformer en monnaie les objets d'orfèvrerie ou les lingots d'argent qu'ils possèdent, alors que cette faculté demeure entière en ce qui concerne les objets en or. L'Etat lui-même a suspendu la frappe des pièces de 5 francs. On a donc raison de dire que le double étalon or et argent adopté dans de pareilles conditions pour mesurer la valeur est un *étalon boiteux*.

(2) Il existe encore quelques pays monométallistes argent, mais nous les laisserons de côté pour ne pas compliquer outre mesure les explications données ici.

bank ou banque de l'Empire; en Angleterre, la Bank of England ont le privilège d'émettre des billets de ce genre. Ce sont des établissements privés, surveillés par l'État.

Quand l'émission des billets est faite par l'État lui-même (en Russie par exemple) sans la garantie nécessaire d'une encaisse correspondante, on leur donne le nom d'*assignats* ou de *papier-monnaie*.

Les *effets de commerce* sont des écrits émanant de simples particuliers, écrits dont les possesseurs ont le droit d'exiger une certaine quantité de monnaie à une époque (ou échéance) et dans un lieu déterminés. Certains effets sont payables à vue, d'autres à délai de vue, d'autres à une échéance fixe plus ou moins éloignée.

Les effets de commerce sont acceptés plus ou moins facilement en échanges d'espèces, de marchandises ou d'autres valeurs, suivant que les personnes responsables du paiement sont plus ou moins connues et solvables [1].

[1] On trouvera dans les traités de comptabilité des explications très complètes sur la rédaction et l'emploi des effets de commerce.

## CHAPITRE II

### COMMERCE DE L'OR ET DE L'ARGENT

Il existe, dans chaque pays, des négociants qui achètent et vendent les métaux précieux. Ceux-ci se rencontrent généralement sous la forme de masses compactes qu'on appelle des *lingots* ou des *barres*. Les lingots qu'on trouve dans le commerce proviennent tantôt des mines, tantôt de la fonte de monnaies étrangères ou d'objets quelconques ; leur titre est donc très variable.

Pour faire l'acquisition d'un lingot, il faut débourser, sous forme de billets de banque ou autrement, une certaine quantité de la monnaie en usage dans le pays où l'achat a lieu. Mais quelle sera cette quantité? Elle dépendra de l'abondance plus ou moins grande du métal existant sur le marché. On appelle *cours* du métal le prix qu'il faut payer à une date donnée pour l'obtenir. Nous venons de dire que ce prix peut varier suivant les époques et les circonstances. La *cote* est l'énoncé des cours, sous une forme convenue d'avance. En effet, si l'on veut comparer les cours d'un métal à diverses époques, on est obligé de prendre une base, toujours la même ; c'est généralement le prix à payer pour obtenir un certain poids de métal à un titre déterminé. Ainsi en France, on énonce le prix d'un kilogramme d'argent pur ; en Angleterre, le prix d'une once troy d'argent à 925/1000, etc.

La cote de l'or en France est présentée de façon un peu différente ; voici comment. Nous avons vu que, d'après la loi, 1 kilogramme d'or à 0,900 servait à fabriquer 155 pièces de

20 francs ; en d'autres termes, 1 kilogramme d'or à 0,900 vaut, aux termes de la loi :

$$155 \times 20 = 3.100 \text{ francs.}$$

C'est la valeur *légale* ou *théorique*. A l'hôtel des monnaies de Paris, la transformation de ce kilogramme d'alliage en pièces de monnaie coûte 6 fr. 70 [1] ; de sorte qu'en réalité, pour 1 kilogramme de matières (ou 900 grammes d'or pur) soumis à l'opération, on obtient seulement

$$3.100 - 6{,}70 = 3.093 \text{ fr. } 30,$$

sous forme de monnaie. Une simple règle de trois permet alors de constater que :

Si 900 grammes d'or pur produisent 3.093 fr. 30

1 gramme — produit $\frac{3.093{,}30}{900}$ francs

1.000 grammes — produisent $\frac{3.093{,}30 \times 1.000}{900} = 3.437$ francs.

Tel est le prix de base de la cote de l'or à Paris. Les acheteurs ne sauraient en offrir un prix moindre, puisque l'hôtel des monnaies est toujours là pour donner 3.437 francs en échange de chaque kilogramme d'or pur qu'on lui apporte ; mais ils peuvent en offrir un prix plus élevé, aux époques où l'or est recherché. L'augmentation s'énonce alors en tant pour mille en sus du prix de base. Dans les périodes de calme, les négociations sur le marché se feront donc au *pair*, c'est-à-dire à un prix égal (*par*) à celui que donne l'hôtel des monnaies. La demande est-elle plus active, les acheteurs offriront une *prime* ou supplément de 1, 2, etc. 0/00.

Si donc l'or est coté 1 3/4 0/00, cela revient à dire que le kilogramme pur se paie dans le commerce :

| | |
|---|---|
| Le prix de base.................... | 3.437 fr. » |
| Plus 1 3/4 0/00 de ce prix ......... | 6 fr. 01 |
| Soit au total.............. | 3.443 fr. 01 |

(1) D'après le tarif réglementaire.

Pour calculer le prix d'un lingot, il faut d'abord le *peser* très exactement, et déterminer son titre à l'aide d'une opération appelée *essai* pour laquelle on a recours à des spécialistes. Le lingot, muni d'un numéro d'ordre, est accompagné d'un bulletin d'essai contenant le numéro, le poids et le titre. Il suffit ensuite de chiffrer le poids de métal pur contenu, puis de le multiplier par le cours.

Chaque pays a ses usages, que l'on doit connaître, pour l'énoncé des cours et des titres. La question tend, du reste, à se simplifier. Ainsi, en Angleterre, le titre des métaux précieux s'exprimait jadis en carats, grains, etc., ce qui occasionnait des calculs assez compliqués. Aujourd'hui, le titre des lingots d'or est énoncé à Londres en dix-millièmes et celui des lingots d'argent en millièmes. Il n'y a plus qu'à chercher, au moyen de la règle de trois quel poids aurait un lingot supposé au titre légal (ou *standard*) qui contiendrait la même quantité de métal fin [1]. Le produit de ce poids par le cours donne la valeur du lingot.

Les mêmes observations s'appliquent à l'achat et à la vente des monnaies étrangères. Différents recueils contiennent la liste des monnaies réelles émises dans chaque pays avec leur poids et leur titre légaux, et la tolérance admise [2]. Si l'État émetteur est connu pour fabriquer ses monnaies avec une précision suffisante, on peut prendre ces chiffres comme base d'appréciation (en faisant état de la tolérance), à moins que les pièces ne soient usées par la circulation. Ainsi on m'offre

(1) Les expressions métal *pur* et métal *fin* sont synonymes.

(2) Quelle que soit l'habileté des ouvriers chargés de fabriquer les pièces de monnaie, on conçoit aisément qu'il est impossible d'obtenir un alliage *rigoureusement* composé comme le prescrit la loi, et d'y découper des disques ayant *rigoureusement* le poids indiqué.

La circulation peut donc comprendre des pièces pesant un peu plus ou un peu moins que le poids théorique, et dont le titre se trouve légèrement au-dessus ou au-dessous du titre légal. Les écarts admis constituent la *tolérance* de poids et de titre. Ils sont aujourd'hui très petits, l'industrie monétaire ayant réalisé de notables perfectionnements. Lors de la vérification, les pièces, qui diffèrent du poids et du titre légal plus que la tolérance ne le permet, sont mises de côté et refondues.

1.000 pièces *neuves* de 10 florins Hollande. Le poids légal est $6^{gr},720$ ; le titre, 0,900. Sachant que la tolérance est fixée à 1 1/2 millième pour le titre, et à 2 0/00 pour le poids, je conclus qu'aucune pièce ne doit représenter moins de $6^{gr},70656$ au titre 0,8985 : soient $6^{gr},025844$ de métal pur, lesquels, au prix de 3 fr. 437 le gramme, valent 20 fr. 710825. Je puis donc sans crainte acheter ce lot de 20.710 fr. 80 en supposant l'or au pair (3 fr. 437 le gramme).

Les pièces sont-elles usées ou portent-elles une effigie qui n'impose pas nécessairement la confiance ? Il devient alors indispensable de les faire fondre, puis de peser et d'essayer le lingot ainsi obtenu, avant d'en fixer le prix [1].

Connaissant le titre réel moyen des pièces circulant sous une effigie donnée, il est possible de calculer par avance le prix auquel ressort 1 kilogramme *tel quel* de ces pièces. En opérant ainsi, on abrège le travail, car il suffit de peser exactement le stock, après quoi on multiplie le poids trouvé par le prix tel quel. Si, par exemple, on a constaté que l'Alphonse (pièce de 25 pesetas) est en moyenne au titre de 0,897, le kilogramme tel quel de ces pièces pourra être payé :

$$3.437 \times 0,897 = 3.082 \text{ fr. } 99,$$

(l'or étant au pair).

Certains lingots renferment à la fois de l'or et de l'argent ; on calcule séparément la valeur de ces deux métaux, puis on totalise.

Exemple :

Un lingot pèse $7^{kg},1084$ ; il renferme 0,882 d'or et 0,083

(1) En ce qui concerne les matières d'or, on peut noter comme renseignement que la fonte coûte en général 0 fr. 75 par kilogramme brut, minimum 3 francs par opération ; et l'essai, 1 fr. 65 par opération. Les lingots contenant à la fois de l'or et de l'argent sont l'objet d'un traitement chimique appelé *affinage* qui a pour but de séparer ces deux métaux et d'en éliminer les impuretés. L'affinage coûte 6 francs par kilogramme de matières traitées.

d'argent. Un deuxième lingot pèse 6kg,9475 ; il renferme 0,895 d'or et 0,071 d'argent. Que vaut ce lot de métal, l'or étant à 3/4 0/00 de prime, et l'argent à 97.25 ?

| Poids brut | Titre | Or pur | Argent pur |
|---|---|---|---|
| 7,1084 | 882/83 | 6,269609 | 0,589997 |
| 6,9475 | 895/71 | 6,218012 | 0,493272 |
| | | 12,487621 | 1,083269 |

| | | |
|---|---|---|
| 12kg,487621 or à 3.437 francs...... | 42.919,95 | |
| 3/4 0/00 prime.................... | 32,20 | |
| | | 42.952,15 |
| 1kg,083269 argent à 97 fr. 25....... | | 105,35 |
| Total................ | | 43.057,50 |

Dans les chiffrages de ce genre, il faut pousser jusqu'à la sixième décimale, car les erreurs ne sont pas négligeables, surtout en ce qui concerne l'or.

Pour la même raison, nous avons calculé 3/4 0/00 sur le produit de la multiplication par 3.437 au lieu de majorer 3.437 de ses 3/4 0/00 pour multiplier ensuite. Le résultat ainsi obtenu est plus approché.

## CHAPITRE III

### RÈGLEMENTS EFFECTUÉS A L'AIDE D'UN ENVOI D'OR

Je suis débiteur d'une somme payable à l'étranger ; j'ai, par exemple, acheté à Hambourg une certaine quantité de marchandises dont le prix est de 1.000 marks.

L'or étant usité en Allemagne comme mode de paiement, il faut que je m'arrange de manière à faire parvenir entre les mains de mon créancier 1.000 fois cette quantité d'or pur de $0^{gr},358425$ (environ), qui s'appelle 1 mark ; soit au total $358^{gr},425$ d'or pur.

Le moyen qui se présente le plus naturellement à mon esprit est le suivant : je vais acheter à Paris un ou plusieurs lingots d'or contenant ensemble exactement $358^{gr},425$ d'or pur, et je ferai parvenir à mon créancier cet or emballé dans une caisse ; il le portera à l'hôtel des monnaies de son pays pour le faire transformer en monnaie réelle et se trouvera ainsi désintéressé.

Cherchons quelle sera ma dépense en francs, en tenant compte de ce fait que tous les frais sont à ma charge. Ces frais comprennent :

1° Le monnayage de l'or à Hambourg sur le pied de 3 marks ou $1^{fr},07527$... par livre (500 grammes) d'or pur ;

2° Le transport et la perte d'intérêts [1] qui s'élèvent à à 1 3/4 0/00 environ de la somme dépensée par moi en achat d'or ;

[1] Je paie le jour de mon achat, et je ne serai crédité qu'à la date où mon envoi sera parvenu à Hambourg ; je perds donc pendant la durée du voyage l'intérêt de la somme que j'ai déboursée.

3° Enfin la prime sur l'or. En effet, je ne suis pas seul débiteur des négociants allemands ; d'autres se trouvent dans la même situation que moi, de sorte que l'or va être recherché. Pour en avoir, il faudra donc payer une prime sur le prix de base de 3.437 francs. Supposons que cette prime soit de 4 0/00.

La quantité d'or à expédier est la suivante :

| | |
|---|---|
| Montant de ma dette.............................. | 358gr,425 |
| Plus les frais de monnayage $\frac{1,07527}{500}$ ou les 0,00215054 | |
| de cette quantité.............................. | 0gr,771 |
| Ensemble.................. | 359gr,196 |
| à 3.437 fr. + 4 0/00 ou 3.450,75.................... | 1.239 fr. 50 |
| Plus le transport et la perte d'intérêts, 1 3/4 0/00... | 2 fr. 16 |
| | 1.241 fr. 66 |

Ainsi, dans les conditions de fait qui précèdent, il m'en coûtera au total **1.241** fr. 66 pour payer **1.000** marks à Hambourg sous forme d'un envoi d'or ; cela fait ressortir les **100** marks à **124,166**.

On peut faire un autre raisonnement, peut-être moins clair pour certains esprits, mais qui aboutit à des calculs plus simples. Voici ce raisonnement :

Chaque kilogramme d'or, acheté à Paris au pair (3.437) et expédié à Hambourg, produira net dans cette dernière ville, **1.392** marks par livre de 500 grammes (1395 moins 3 marks retenus par la monnaie pour frais de frappe) ; autrement dit, **2.784** marks.

Pour produire :

| | | | |
|---|---|---|---|
| 2.784 marks, | il faut que je dépense | | 3.437 francs |
| 1 mark, | — | — | $\frac{3.437}{2.784}$ francs |
| 100 marks, | — | — | $\frac{3.437 \times 100}{2.784} = 123$ fr. 4554 |

Donc, 100 marks en or rendus entre les mains de mon créancier à Hambourg me coûtent :

| | |
|---|---|
| Le prix de l'or qu'il m'a fallu acheter............... | 123 fr. 4554 |
| Plus la prime 4 0/00............................ | 0 fr. 4938 |
| | 123 fr. 9492 |
| Plus le transport et la perte d'intérêts 1 3/4 0/00.... | 0 fr. 2169 |
| Total...................... | 124 fr. 1661 |

Ou 124 fr. 166 comme ci-dessus.

L'or étant assez abondant en France, même quand la demande en est active, on peut considérer la prime de 4 0/00 comme représentant approximativement le maximum à payer, sauf aux époques de crise.

Dans ces conditions, il est permis de dire que le règlement d'une dette à Hambourg sous forme d'un envoi d'or coûtera *124 fr. 166* les 100 marks d'une façon à peu près certaine.

Faisons maintenant l'hypothèse inverse.

Un habitant de Hambourg me doit 1.000 marks exigibles dans cette ville ; il s'agit, par exemple, d'un homme d'affaires qui a encaissé ma part dans une succession, et la tient à ma disposition.

Je prie ce débiteur de consacrer les 1.000 marks à l'achat d'une quantité correspondante d'or qu'il m'adressera. Comme à Hambourg « 2.784 marks » est le nom attribué à 1.000 grammes d'or pur, on trouverait, par une règle de trois, que 1.000 marks correspondent à 359gr,196 d'or pur (nous avions déjà obtenu ce résultat par un autre moyen).

| | |
|---|---|
| Vendue à la Monnaie de Paris sur le pied de 3.437 fr. le kilogramme, cette quantité produit.......... | 1.234 fr. 55 |
| Soit, pour 100 marks............ | 123 fr. 455 |
| Il n'y a pas lieu de prévoir une prime, car l'opération que je fais, d'autres la feront sans doute en même temps vu les circonstances économiques du moment, et l'or affluera à Paris. | |
| Mais j'ai à supporter les frais de transport et la perte d'intérêts (environ 1 3/4 0/00), soit............. | 0 fr. 216 |
| De sorte que : | |
| Pour 100 marks dépensés à Hambourg, j'encaisserai net à Paris.............................. | 123 fr. 239 |

L'encaissement par réception d'un envoi d'or d'une créance exigible à Hambourg produira donc *123 fr. 239* par 100 marks d'une façon à peu près certaine.

Il faut retenir ces deux chiffres de 124 fr. 166 et 123 fr. 239 qui sont très importants comme on le verra bientôt.

Les mêmes calculs pourraient être faits pour une créance à encaisser dans n'importe quel pays.

S'il s'agissait de l'Angleterre, le décompte serait un peu plus compliqué parce que ce pays emploie un système de poids et mesures et un mode de cotation qui diffèrent notablement des nôtres.

A Londres, on achète couramment l'or aux environs de 77 sh. 10 1/2 d. l'once au titre de $\frac{11}{12}$ ou $\frac{220}{240}$ (0,916,2/3) et on le vend 77 sh. 9 d. Pour faire le calcul, il faut se rappeler qu'une once troy correspond à 31gr, 103 dans notre système ; il faut connaître en outre la division de la livre sterling en 20 shillings de 12 pence chacun.

Si donc je suis débiteur de 100 £ exigibles à Londres et que je veuille m'acquitter en envoyant de l'or, quelle sera ma dépense?

Pour produire 77 sh. 9 d. ou 933 d., il faut expédier 31gr,103 d'or à $\frac{220}{240}$, lesquels représentent $\frac{31,103 \times 220}{240}$ grammes de métal pur.

Pour produire 1 penny, il faut envoyer :

$$\frac{31,103 \times 220}{240 \times 933} \text{ grammes,}$$

et pour produire 240 d. ou 1 £, il faut envoyer :

$$\frac{31,103 \times 220 \times 240}{240 \times 933} \text{ grammes d'or pur.}$$

Au pair, c'est-à-dire sur le pied de 3 fr. 437 le gramme, cette quantité ne coûtera :

$$\frac{31,103 \times 220 \times 240 \times 3,437}{240 \times 933} = 25 \text{ fr. } 207.$$

La *règle conjointe*, arrangement de chiffres bien connu et décrit dans tous les traités d'arithmétique commerciale, fournit une solution identique :

| | | | |
|---|---|---|---|
| | $x$ francs | pour | 1 £ |
| sachant que | 1 £ | équivaut à | 240 d. |
| | que 933 d. | équivalent à | 1 oz au titre de $\frac{11}{12}$ |
| | que 240 oz à $\frac{11}{12}$ | — | 220 oz de métal pur |
| | que 1 oz de métal pur | équivaut à | $31^{gr},103$ de métal pur |
| | que 1 gramme de métal pur | — à | $3^{fr},437$. |

$$x = \frac{240 \times 220 \times 31,103 \times 3,437}{933 \times 240} = 25,207.$$

| | |
|---|---:|
| Ainsi l'achat de métal destiné à produire 100 £ entre les mains de mon créancier me coûterait au pair... | 2.520 fr. 70 |
| Il faut ajouter : la prime sur l'or 4 0/00............ | 10 fr. 08 |
| | 2.530 fr. 78 |
| et les frais qui sont d'environ 1 1/2 0/00 ............ | 3 fr. 79 |
| Total........................ | 2.534 fr. 57 |

ou <u>*25 fr. 345*</u> par £.

Dans le cas où je serais créancier, mon débiteur anglais emploiera les 100 £ à acheter, sur le pied de 77 sh. 10 1/2 d. l'oz à $\frac{11}{12}$, de l'or que je revendrai ici 3.437 francs le kilo pur.

| | |
|---|---|
| En raisonnant de la même façon, on trouve que la quantité d'or ainsi expédiée de Londres à Paris produira entre mes mains.......................... | 2.516 fr. 50 |
| Moins les frais 1 1/2 0/00.......................... | 3 fr. 80 |
| Soit net.................... | 2.512 fr. 70 |

ou <u>25 *fr. 127*</u> par £.

Il faut retenir ces deux chiffres de 25 fr. 345 et 25 fr. 127 dont nous aurons à reparler.

En résumé, il est possible de calculer assez exactement une fois pour toutes le coût du règlement d'une dette et le produit de l'encaissement d'une créance, quand ce règlement et cet encaissement sont effectués par le moyen d'un envoi d'or.

## CHAPITRE IV

### RÈGLEMENTS EFFECTUÉS A L'AIDE DES EFFETS DE COMMERCE. — COURS DU CHANGE. — GOLD-POINTS

La façon ci-dessus d'encaisser une créance ou de régler une dette n'est pas la seule.

Reprenons le premier exemple : je suis débiteur de M. Weiss pour 1.000 marks exigibles à Hambourg. Il pourra se trouver qu'au même moment un Français soit créancier de M. Schwarz, autre habitant de Hambourg, pour cette même somme de 1.000 marks, et possède un écrit (effet de commerce) obligeant M. Schwarz à la payer. Je puis acheter cet écrit à mon compatriote, l'envoyer par la poste à M. Weiss, lequel en encaissera le montant chez M. Schwarz et tout sera réglé.

Combien vais-je verser au négociant français en échange de l'effet qu'il me cède? Ici intervient la loi de l'offre et de la demande. Si le papier sur l'Allemagne est très abondant à Paris, je paierai moins de francs pour 100 marks que s'il est rare. Suivant cette abondance ou cette rareté relative, le *cours* des effets payables en Allemagne, autrement dit le *cours du change* sur l'Allemagne, peut donc varier.

L'abondance plus ou moins grande du papier sur l'Allemagne dépend des relations économiques des deux pays. Si la France a envoyé de l'autre côté du Rhin plus de marchandises ou prêté plus de capitaux qu'elle n'en a reçu, la France a beaucoup de factures à encaisser et d'intérêts à percevoir en Allemagne, de sorte que le papier payable en Allemagne existe en grande quantité sur la place de Paris et s'y vend d'autant moins cher : *le change sur l'Allemagne tend à baisser.* Si au contraire, beaucoup d'Allemands sont nos créanciers au même moment, tout le monde veut se procurer du papier pour l'expédier en paiement, et ce papier devient rare : *le change sur l'Allemagne tend à monter.*

Le même raisonnement explique à Paris les fluctuations du change sur l'Angleterre, sur l'Amérique, sur l'Espagne, sur l'Autriche, sur la Russie, etc.

Remarquons cependant que les limites entre lesquelles peut osciller le cours du change (prix de négociation des effets de commerce) ne sont pas indéfinies. En effet, si l'on offre de me vendre un effet de 1.000 marks sur Hambourg, dont j'ai besoin, moyennant 124 fr. 80 les 100 marks, je n'accepterai pas : car, en envoyant de l'or, ma dépense serait de 124 fr. 16 seulement (voir chapitre précédent), de sorte que je me résoudrai à employer ce dernier moyen. Personne ne consentant, sauf exceptions, à acheter les effets payables en Allemagne plus de 124 fr. 16, le cours du change ne dépassera guère ce prix. Inversement le possesseur d'un effet sur l'Allemagne à qui l'on offrirait 123 fr. 05 seulement préférerait se faire envoyer de l'or par son débiteur puisqu'il encaissera 123 fr. 24 environ par ce dernier moyen. On le voit, le cours du change se maintiendra nécessairement entre 124,16 et 123,24. Ces cours à partir desquels il est plus avantageux d'envoyer ou de recevoir de l'or que du papier s'appellent les *gold-points.* (Voy. *fig.* 1 ci-après.)

Remarquons-le aussi, les gold-points ne sont pas des chiffres rigoureusement immuables. Nous avons fixé le gold-point d'exportation pour l'Allemagne à 124 fr. 16 en admettant que la prime sur l'or est de 4 0/00. Qu'une crise éclate, que l'or devienne introuvable et la prime va s'élever ; le gold-point d'exportation s'élèvera en même temps et les fluctuations du change seront plus grandes. Voilà pourquoi le change sur l'étranger varie beaucoup dans les pays où il existe peu de métal, dans certains états de l'Amérique du Sud par exemple.

Les gold-points peuvent également être influencés par les modifications survenues dans le taux des intérêts et dans les frais de transport. Encore une fois, ceux que nous avons indiqués plus haut ne sont donc que des exemples destinés à faire comprendre comment on les calcule; ils n'ont rien d'absolu.

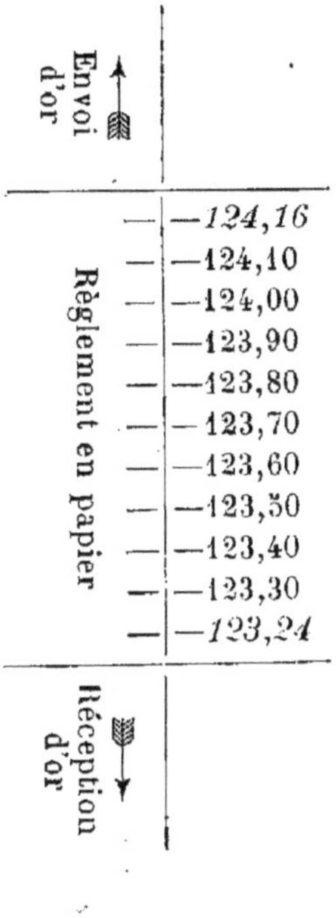

Envoi d'or ↑

Règlement en papier

*—124,16*
—124,10
—124,00
—123,90
—123,80
—123,70
—123,60
—123,50
—123,40
—123,30
*—123,24*

Réception d'or ↓

Fig. 1

Envoi d'or ↑

Règlement en papier

*—25,345*
—25,34
—25,32
—25,30
—25,28
—25,26
—25,24
—25,22
—25,20
—25,18
—25,16
—25,14
*—25,127*

Réception d'or ↓

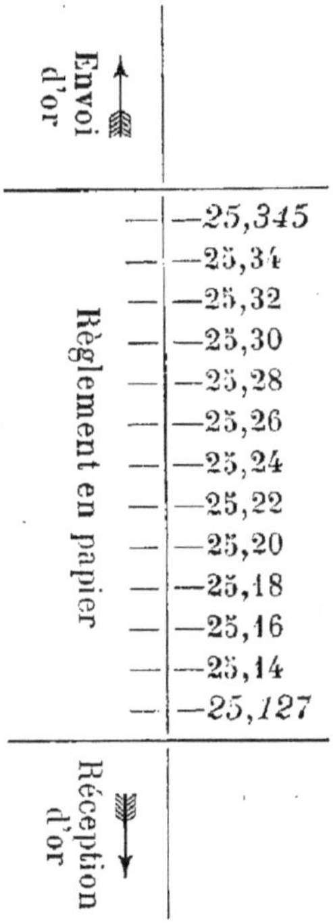

Fig. 2

Par un raisonnement analogue, on arriverait à constater que le prix de vente ou cours des effets de commerce sur l'Angleterre ne peut guère dépasser 25,345 en hausse et 25,127 en baisse. Il suffit d'ailleurs de jeter les yeux sur la figure 2 ci-dessus.

Nous répétons que les gold-points calculés au chapitre précédent sont susceptibles d'être influencés par certains événements et ne figurent ici qu'à titre d'indication.

On dresserait des tableaux analogues pour le papier sur la Hollande, l'Autriche, la Russie, etc.

## CHAPITRE V

### COTE DES CHANGES. — CERTAIN ET INCERTAIN

On appelle *cote des changes* la liste des cours d'après lesquels les négociations de papier sur l'étranger ont eu lieu à une date donnée.

Pour que les cotes dressées à diverses époques soient comparables, il a été nécessaire de faire certaines conventions en ce qui concerne la façon d'exprimer les cours.

On a d'abord pris comme base *une quantité* déterminée de *monnaie étrangère*, toujours la même, pour l'acquisition de laquelle il faut payer une quantité de monnaie nationale variable selon l'état du marché. Ainsi, à Paris, la cote à une date donnée indique ce qu'on a payé ce jour-là pour acquérir soit 1 £, soit 100 marks, soit 100 francs belges, soit 100 florins, soit 100 lires, soit 100 dollars, etc.

Mais cela ne suffisait pas. Obtenir un effet de 100 marks payable immédiatement n'est évidemment pas la même chose qu'obtenir un effet de 100 marks payable dans quinze jours ou un effet de 100 marks payable dans deux ou trois mois. On a donc adopté comme terme de comparaison *un type d'échéance* déterminé, toujours le même, quelle que soit d'ailleurs l'échéance réelle du papier acheté ou vendu.

A Paris, tous les cours sont établis, depuis 1907, pour un effet supposé payable à vue [1]. Auparavant, les effets sur

[1] Ailleurs on rencontre comme types l'échéance à trois mois, à deux mois, à huit jours, etc.

certains pays étaient supposés payables dans trois mois et sur d'autres pays, à vue ; cette complication inutile et gênante a disparu, fort heureusement.

En résumé, la cote de Paris fait connaître en francs et en centimes ce qu'il faut payer, le jour où on la rédige, pour acquérir soit une promesse de versement, soit un effet de 1 £, ou de 100 marks, ou de 100 dollars, etc., qui serait payable à vue.

Si l'effet, objet de la vente, est à une échéance différente, on modifie le cours à l'aide d'un calcul d'intérêts (voir chapitre suivant).

Les effets sur l'Espagne sont cotés en francs pour 500 pesetas. Autrefois l'unité monétaire espagnole était la piastre de 5 pesetas et la cote de Paris donnait le cours pour 100 piastres. On a conservé, sans raisons bien sérieuses croyons-nous, cette base de cotation qui sera probablement modifiée un jour ou l'autre.

En établissant leurs cotes, la plupart des peuples commerçants énoncent, comme nous, le prix *variable* de monnaie *nationale* à payer pour obtenir une quantité fixe de monnaie étrangère ; c'est le système de l'*incertain*, le plus naturel et le plus logique.

Sur quelques places, la cote énonce au contraire la quantité variable de monnaie étrangère qu'on peut obtenir en déboursant une quantité *fixe* de monnaie *nationale*. C'est le système du *certain*. Ainsi à Londres, la cote énonce combien de florins, de marks, de francs, payables à Amsterdam, à Berlin, à Paris l'on peut obtenir en échange d'une £.

Il est facile de comprendre les deux modes d'évaluation en prenant un exemple choisi parmi les faits de la vie usuelle. Je vais chez un épicier demander un kilogramme de sucre ; il me fera payer plus ou moins de francs ; c'est l'*incertain*. Si au contraire je demande pour 50 centimes de sucre, l'épicier m'en donnera plus ou moins en échange de cette somme, suivant que le sucre sera plus ou moins bon marché ; c'est le *certain*.

Les pays qui ont le même système monétaire peuvent se coter réciproquement en tant 0/0 de prime ou de perte. Ainsi, en Espagne on énonce la prime à payer pour obtenir un effet de 100 francs sur Paris. Si je dis par exemple que Barcelone cote Paris 15,20 0/0, cela signifie qu'un effet de 100 francs payable en France coûtera 115,20 pesetas (ou francs espagnols). Jusqu'au 1er janvier 1907, Paris cotait les places de l'Union latine par ce procédé.

Avant d'abandonner la question faisant l'objet du présent chapitre, signalons encore ceci. Beaucoup de cotes remplacent le nom du pays étranger par celui de la principale ville commerçante qu'il renferme ; on dira de l'Amsterdam, du Londres, du Berlin, pour : du papier sur la Hollande, sur l'Angleterre, sur l'Allemagne. Les différentes espèces de papier sur l'étranger sont assez souvent qualifiées de *devises*.

Nous ne croyons pas devoir donner ici le tableau intégral des cotes usitées sur les diverses places. Il nous paraît préférable de renvoyer le lecteur aux nombreux ouvrages spéciaux qui renferment ces renseignements et notamment à l'excellent manuel de M. Louis Daubresse, intitulé *Systèmes monétaires, cotes des changes, poids et mesures de tous les pays* (1). Nous nous bornerons donc à indiquer, sous forme d'exemple, la manière de coter en usage sur trois places importantes.

(1) Voir aussi : *Monnaies, poids et mesures des principaux pays du monde*, par Alph. Lejeune; *le Portefeuille*, par P. Lepeltier; *Arbitrages et parités*, par Ottomar Haupt; *Banknotes, monnaies, et arbitrages*, par E. Kauffmann; *Arbitrages et métaux précieux*, par H. Deutsch, revu par G. de Algarra; et, pour ce qui concerne les monnaies réelles et les billets de banque : *Change des monnaies étrangères*, par J.-G. de Villefaigne.

On utilisait volontiers autrefois le *Manuel des monnaies poids et mesures* de Nelkenbrecher traduit par J.-M. Deschamps.

MANIÈRE DE COTER A PARIS

| | La cote indique le nombre de francs à payer pour obtenir un effet de : | |
|---|---|---|
| Papier sur l'Angleterre | 1 £ | à vue |
| — l'Allemagne | 100 marks | — |
| — la Belgique | 100 fr. belges | — |
| — l'Espagne | 500 pesetas | — |
| — la Hollande | 100 florins | — |
| — l'Italie | 100 lires | — |
| — les États-Unis | 100 dollars | — |
| — le Portugal | 100 milreis | — |
| — la Russie | 100 roubles | — |
| — la Suisse | 100 fr. suisses | — |
| — l'Autriche | 100 couronnes | — |

N. B. — Comme le papier à longue échéance et le papier payable à courts jours sont parfois plus recherchés l'un que l'autre, on leur affecte à chacun une colonne distincte, renfermant les cours respectifs de chaque sorte de papier.

Les deux chiffres portés dans chaque colonne représentent très approximativement les limites entre lesquelles les transactions ont eu lieu.

Les taux d'intérêts indiqués sont ceux auxquels les banques officielles de chaque pays font l'escompte.

MANIÈRE DE COTER A BERLIN

| | La cote indique le nombre de marks à payer pour obtenir un effet de : | |
|---|---|---|
| Papier sur la Belgique | 100 francs | à 8 jours |
| — — | 100 — | à 2 mois |
| — la Hollande | 100 florins | à 8 jours |
| — — | 100 — | à 2 mois |
| — l'Angleterre | 1 £ | à 8 jours |
| — — | 1 £ | à 3 mois |
| — la France | 100 francs | à 8 jours |
| — — | 100 — | à 2 mois |
| — l'Autriche | 100 couronnes | à 8 jours |
| — — | 100 — | à 2 mois |
| — la Russie | 100 roubles | à 8 jours |
| — — | 100 — | à 3 mois |

N. B. — On calcule le prix des effets à longue échéance en se basant sur le cours du papier à deux ou trois mois. Pour le prix des effets courts, on applique la cote à huit jours; le tout avec modification par un calcul d'intérêts s'il y a lieu (voir chapitre suivant).

MANIÈRE DE COTER A LONDRES

| | La cote indique le nombre de : |
|---|---|
| Papier sur la Belgique...... | Francs à 3 mois obtenus contre 1 £ |
| — l'Allemagne...... | Marks à 3 mois — 1 £ |
| — la France ....... | Francs à vue — 1 £ |
| — — ....... | — à 3 mois — 1 £ |
| — l'Autriche ....... | Couronnes à 3 mois — 1 £ |
| — la Russie........ | Pence à payer pour obtenir 1 rouble à 3 mois. |
| — l'Espagne........ | Pence à payer pour obtenir 5 pesetas à 3 mois. |
| — l'Inde........... | Sh. et pence à payer pour obtenir 1 roupie à vue. |
| — — ........... | Sh. et pence à payer pour obtenir 1 roupie à 3 mois, etc. |

N. B. — On voit qu'à Londres certaines places sont cotées d'après le système du certain, d'autres d'après le système de l'incertain. Ceci résulte de vieilles habitudes qui se sont maintenues jusqu'à présent et contribuent à embrouiller l'étude des questions de change, étude très simple et très facile en elle-même.

## CHAPITRE VI

### NÉGOCIATION DES EFFETS SUR L'ÉTRANGER. — AVALS

Supposons qu'on veuille me vendre à Paris un effet de 3.000 marks payable dans 62 jours au cours de 123 1/4 (123 fr. 25 pour 100 marks à vue).

L'effet proposé vaut aujourd'hui :

| | |
|---|---|
| Sa valeur nominale.............................. | 3.000 marks |
| Moins 62 jours d'intérêts au taux usité en Allemagne (par exemple 6 0/0)............................ | 31 — |
| Soit net.................... | 2.969 marks |
| C'est donc l'équivalent de 2.969 marks à vue que j'acquiers aujourd'hui ; sur le pied de 123 fr. 25 pour 100 marks, cela fera........................ | 3.659 fr. 30 |

(Nous admettrons que l'effet est revêtu du timbre fiscal allemand, sinon il faudrait déduire le montant de ce timbre préalablement à la réduction en francs.)

On peut raisonner autrement et dire :

| | |
|---|---|
| Si l'effet proposé était de 100 marks à vue, j'aurais à payer ........................................ | 123 fr. 25 |
| Mais ces 123 fr. 25 n'étant exigibles que dans 62 jours valent aujourd'hui 62 jours d'intérêt de moins, c'est-à-dire au taux de 6 0/0.................... | 1 fr. 273 |
| Net à payer immédiatement....... | 121 fr. 977 |
| et pour 3.000 marks............................ | 3.659 fr. 30 |

Autre exemple :

Que valent 7.500 pesetas payables dans 8 jours, au cours de 438 ?

| | |
|---|---|
| Valeur nominale.............................. | 7.500,00 pesetas |
| A déduire 8 jours d'intérêts à 4 1/2 0/0 (taux usité en Espagne)........................... | 7,50 — |
| Net, valeur à vue........ | 7.492,50 pesetas |

(à déduire également le timbre espagnol, s'il y a lieu).

Le cours de 438 francs pour 500 pesetas correspond à 876 francs pour 1.000 pesetas ou 0 fr. 876 par peseta.

Réduisons : 7.492,50 × 0,876 donnent : 6.563 fr. 43

ce sera le prix à payer pour acquérir l'effet proposé.

Autre exemple :

Que valent £ 132.16.3, payables dans 17 jours, au cours de 25,18 1/2 ?

| | |
|---|---|
| Valeur nominale...................................... | 132.16.3 |
| A déduire 17 jours à 4 0/0[1] (taux usité à Londres).... | 0. 5.0 |
| Net, valeur à vue.............. | 132.11.3 |

(sous réserve, éventuellement, du timbre anglais).

Réduisons à 25 fr. 18 1/2, il vient : 3.338 fr. 58.

Quand la cote est établie d'après le système du certain, les calculs sont un peu différents.

Exemple :

Que vaut à Londres, le 12 février 1908, au cours de 25,37 1/2, un effet de 15.000 francs payable à Paris dans 24 jours?

[1] Nous avons calculé cet intérêt suivant l'usage français en prenant l'année pour 360 jours. En Angleterre on se base sur 365 jours, ce qui modifie légèrement les résultats.

Interprétons la cote. Elle signifie qu'un effet de 25 fr. 375 payable à Paris dans 3 mois coûte 1 £ ; ou, en d'autres termes, qu'en déboursant 1 £, on peut obtenir un effet sur Paris de 25 fr. 375 à 3 mois d'échéance.

Étant donné un capital payable à une certaine échéance, son équivalent à une échéance *plus rapprochée* n'est autre que ce même capital *diminué* de son intérêt pour le nombre de jours qui sépare les deux dates (ceci, à vrai dire, par l'escompte en dehors ou irrationnel ; mais on peut l'employer sans erreur appréciable, le nombre de jours étant généralement assez faible).

La figure ci-après donne à comprendre ce raisonnement.

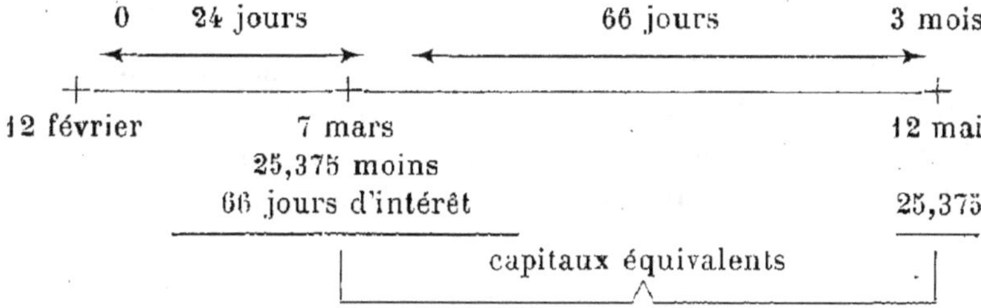


Reprenons notre exemple :

| | |
|---|---|
| De la valeur nominale.............................. | 25 fr. 375 |
| Retranchons 66 jours[1] à 3 0/0 (taux usité en France). | 0 fr. 139 |
| Net, valeur à 24 jours......... | 25 fr. 236 |

Ceci posé, si 25 fr. 236 à 24 jours coûtent 1 £

1 fr. — — $\frac{1}{25{,}236}$ £

et 15.000 fr. — — $\frac{15.000}{25{,}236}$ £ = 594.7.9

Dans certains cas, au lieu de retrancher les intérêts, on peut avoir à les ajouter.

[1] Les calculs ont été faits en 1908, année bissextile.

Exemple :

Que vaut à Vienne un effet de 7.000 francs sur Paris échéant dans 76 jours, au cours de 95,71 ?

On sait que 100 francs payables dans 3 mois valent K. 95,71 (95 couronnes, 71). Raisonnons :

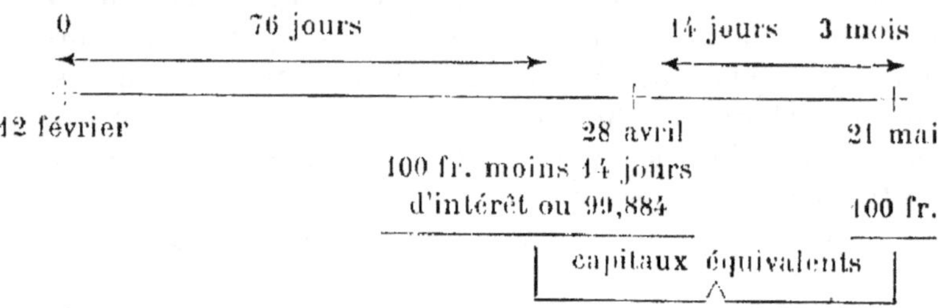


En déboursant K. 95,71, on acquiert indifféremment 100 francs payables dans 3 mois ou 99 fr. 884 payables dans 76 jours. Par une règle de trois, on trouverait que 100 francs à 76 jours doivent coûter, toutes choses égales,

$$\frac{95,71 \times 100}{99,884} = \quad 95,821 \text{ K.}$$

Or, la différence entre le prix de 100 francs à 3 mois (K. 95,71) et le prix de 100 francs à 76 jours (K. 95,821) est de K. 0,111, c'est-à-dire sensiblement 14 jours d'intérêt sur 95,71 (1).

Donc, lorsque l'échéance proposée est antérieure à l'échéance type et que la cote fonctionne d'après le système de l'incertain, on ramène à l'échéance proposée le cours de la cote en *ajoutant* la différence d'intérêt qui sépare les deux dates.

L'effet de 7.000 francs coûtera :

$$0,95821 \times 7.000 = 6.707,47 \text{ K.}$$

(1) On pourrait discuter algébriquement ce problème, mais ce serait un peu compliqué ; nous croyons préférable de nous en tenir à la constatation qui précède.

En pratique, on fait le calcul sur la valeur nominale de l'effet proposé ; soit, dans notre exemple :

| | |
|---|---|
| Valeur nominale.................................... | 7.000 fr. » |
| A cette valeur, on ajoute la différence d'intérêt entre l'échéance de l'effet, et l'échéance type soit 14 jours à 3 0/0.................................... | 8 fr. 16 |
| Ensemble.................... | 7.008 fr. 16 |
| Puis l'on multiplie par le cours extrait de la cote (0,9571), ce qui donne.............................. | K. 6.707,50 |

c'est-à-dire sensiblement le même résultat.

Rappelons que les calculs d'intérêt se font toujours au taux usité dans le pays où l'*effet est payable.*

Tout ce qui précède se trouve résumé dans les règles suivantes :

Règles générales. — I. Étant donné le cours du papier à l'échéance type, pour trouver son équivalent à une *échéance antérieure*, il faut procéder comme suit :

1° Si la cote donne l'*incertain*, on *ajoute* l'intérêt pour le nombre de jours qui sépare les deux dates.

2° Si la cote donne le *certain*, on *retranche* l'intérêt pour ce même nombre de jours.

II. Etant donné le cours du papier à l'échéance type, pour trouver son équivalent à une échéance *postérieure*, il faut procéder comme suit :

1° Si la cote donne l'*incertain*, on *retranche* l'intérêt pour le nombre de jours qui sépare les deux dates.

2° Si la cote donne le *certain*, on *ajoute* l'intérêt pour ce même nombre de jours.

Voici une figure qui résume ces règles et peut aider à les retenir :

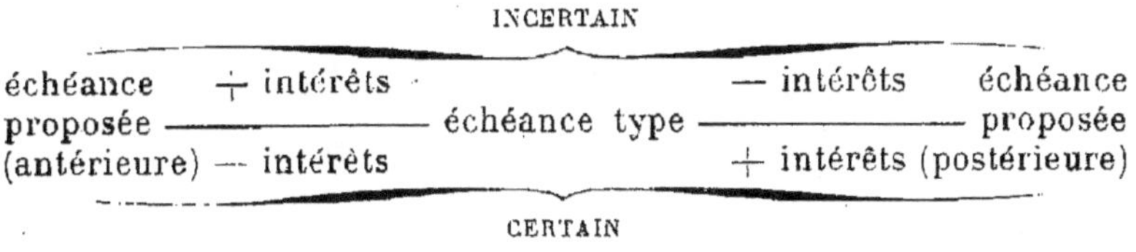

INCERTAIN

| | | | | |
|---|---|---|---|---|
| échéance | + intérêts | | — intérêts | échéance |
| proposée | ——————— | échéance type | ——————— | proposée |
| (antérieure) | — intérêts | | + intérêts | (postérieure) |

CERTAIN

Observation accessoire. — Les calculs d'intérêt peuvent se faire sur le cours lui-même, mais aussi et préférablement sur la valeur nominale de l'effet, ce qui donne un résultat plus approché et offre plus de commodité quand il y a plusieurs effets à des échéances différentes. Aussi, en pratique, emploie-t-on toujours la seconde méthode.

Un *aval* est un bordereau accompagnant les effets négociés.

Voici un exemple montrant la façon d'établir les avals :

Le 13 février 1908 on a négocié à Paris les effets suivants au cours de 104 1/8 : K. 18.693,75 sur Vienne au 18 avril ; K. 20.115,40 sur Vienne au 27 avril ; K. 15.496,10 sur Vienne au 4 mai. Taux de l'escompte à Vienne, 4 1/2 0/0. Le premier effet porte le timbre autrichien ; les autres n'en sont pas munis. (L'initiale T. veut dire : timbré.)

Paris, le 13 février 1908.

| | Timbre | | Jours (1) | |
|---|---|---|---|---|
| K. 18.693,75 | T. | Vienne 18 avril | 65 | 12.150 |
| 20.115,40 | 14,00 | — 27 — | 74 | 14.885 |
| 15.496,10 | 12,00 | — 4 mai | 81 | 12.552 |
| K. 54.305,25 | 26,00 | | | 39.587 |
| | 494,85 intérêts à 4 1/2 0/0 | | | |
| K. 520,85 ensemble à déduire | | | | |
| K. 53.784,40 | | | | |
| | à 104 fr. 1/8 | | | |
| | | | | fr. 56.003 » |

(1) L'année 1908 est bissextile.

## CHAPITRE VII

### ARBITRAGES SUR CHANGE DIRECT. — PARITÉS. NIVELLEMENT DES COURS

Lorsqu'on est en présence d'un but à atteindre, il existe parfois deux ou plusieurs moyens d'y parvenir. Faire un *arbitrage*, c'est faire un choix raisonné entre ces moyens, pour adopter le plus avantageux.

En particulier, si l'on est débiteur ou créancier d'une somme d'argent déterminée exigible à l'étranger, on recherche le mode de paiement qui fera débourser le moins de francs, ou le mode d'encaissement qui en fera recouvrer le plus. Il est également possible, quand on se trouve placé dans certaines conditions, de se rendre artificiellement débiteur ou créancier pour réaliser le bénéfice résultant de l'écart momentané entre les cours pratiqués le même jour sur deux ou plusieurs places différentes.

Nous insistons sur cette remarque que la pratique des arbitrages nécessite certaines conditions préalables. Les différences de cours étant très petites, il faut opérer sur de grosses sommes, et disposer, par suite, de capitaux importants. Il faut, en outre, être en relation avec des banquiers étrangers d'une solvabilité indiscutable, et opérer très vite, avant que les cours dont on espère tirer avantage ne se soient modifiés. Tout le monde ne peut donc pas, loin de là, se livrer aux arbitrages dont nous allons nous occuper.

Ces réserves faites, voyons quels sont les calculs auxquels

on est obligé de recourir en pareil cas. Et tout d'abord, disons que ces calculs sont basés sur la considération des *parités*.

On appelle *parité* d'un cours le nombre qui représente ce même cours exprimé sur des bases différentes, pour en permettre la comparaison avec le cours d'une autre place.

EXEMPLE. — Berlin cote Paris [1] M. 81,35 pour 100 francs à 8 jours. Quelle est la parité?

Le problème revient à chercher combien de francs à vue on pourrait se procurer sur la place de Berlin en déboursant 100 marks.

| | | |
|---|---|---|
| Nous savons que le cours | 81,35 | marks |
| se ramène à vue en ajoutant la différence d'intérêts, soit 8 jours (au taux de Paris) ou | 0,054 | — |
| Coût à Berlin de 100 francs à vue | 81,404 | marks |

Une règle de trois nous montre que si l'on obtient 100 francs en déboursant M. 81,404, on obtiendra

$$\frac{100 \times 100}{81,404} = 122 \text{ fr. } 844 \text{ en déboursant } 100 \text{ marks.}$$

Si, au même moment, 100 Rm à vue coûtent à Paris 122 fr. 844, les *cours sont à la parité*, c'est-à-dire que les francs et les marks s'échangeront sur les deux places, dans une proportion exactement semblable. Mais si au contraire à Paris, 100 marks à vue coûtent 122 fr. 93, il n'y a pas similitude des cours ; en d'autres termes, *les cours ne sont pas à la parité*.

On remarquera que les cours à comparer sont, à Paris, celui d'un effet de 100 marks à vue et, à Berlin, celui d'un effet de 100 francs à 8 jours. Pour que la comparaison soit possible, il faut que les deux cours expriment le prix d'un effet à la même échéance : aussi avons-nous tout d'abord ramené à vue le cours du Paris à Berlin. Cette opération préalable s'appelle *nivellement des cours*; il faut nécessaire-

[1] C'est-à-dire : à Berlin, le papier sur Paris se vend, etc.

ment y procéder si l'échéance type prise pour terme de comparaison n'est pas la même dans les deux pays considérés.

Résumons-nous. L'examen des cotes démontrant que :

| | | |
|---|---|---|
| 100 marks à vue s'échangent | à Paris contre......... | 122 fr. 93 |
| | à Berlin contre........ | 122 fr. 84 |

quelle conséquence va-t-on en tirer? Examinons successivement les trois cas usuels.

1° Cas d'un débiteur français.

Le débiteur français a le choix entre deux moyens :

*a*) Acheter à Paris un effet de 100 marks sur l'Allemagne et l'envoyer à son créancier. Il dépensera, en opérant ainsi, 122 fr. 93.

*b*) Prier son créancier de tirer sur lui une traite en francs, d'un montant tel que la vente de cette traite à Berlin produise 100 marks. Par ce procédé, le débiteur français devra payer 122 fr. 84.

Il préférera donc la voie de traite.

2° Cas d'un créancier français.

Le créancier français a le choix entre deux moyens :

*a*) Prier son débiteur allemand de dépenser 100 marks en achat de papier sur Paris et de lui envoyer ce papier; le créancier encaissera ainsi 122 fr. 84.

*b*) Tirer sur son débiteur allemand une traite de 100 marks et vendre cette traite sur le marché de Paris. Le produit de la vente donnera 122 fr. 93.

Il y a donc lieu de préférer la voie de traite.

3° Cas d'un arbitragiste français cherchant à réaliser un bénéfice sur la différence des cours.

L'arbitragiste tire sur son correspondant allemand une traite de 100 Rm. et la vend à Paris.

| | |
|---|---|
| Il encaisse | 122 fr. 93 |
| Pour se rembourser, le correspondant allemand tire à son tour sur l'arbitragiste français une traite telle que sa vente à Berlin produise 100 marks. La traite sera de | 122 fr. 84 |
| L'arbitragiste français la paiera à présentation ; les comptes se trouveront soldés et il restera entre les mains de notre compatriote un bénéfice de | 0 fr. 09 |

par 122 fr. 84 de déboursé : ce qui fait 3/4 0/00 environ.

En employant 500.000 francs à cette spéculation on aurait donc gagné 366 fr. 35. Encore aurait-il fallu payer les frais [timbre des effets autres que les chèques [1], frais d'envoi, perte d'intérêt] et rémunérer le correspondant allemand ou partager le bénéfice avec lui.

Autre exemple. — Londres cote Paris 25,33 1/4 à 3 mois. Quelle est la parité ? En d'autres termes, combien Paris devrait-il coter Londres au même moment pour que les francs et la £ s'échangent dans la même proportion sur les deux places ?

Paris cotant Londres à vue, la comparaison n'est possible que si l'on modifie l'un des deux cours pour le *niveler* avec l'autre, c'est-à-dire le ramener à la même échéance. Ramenons à vue par exemple le cours du Paris sur la place de Londres. Pour cela :

| | |
|---|---|
| Étant donné le cours à 3 mois | 25,3325 |
| Retranchons (règle I, 2°) par approximation 90 jours d'intérêt à 3 0/0 | 0,1900 |
| Cours à vue | 25,1425 |

Il y aurait *parité* si Paris cotait Londres au même moment 25.14 1/4.

On voit qu'ici la règle de trois n'est pas nécessaire comme

[1] Le timbre des chèques est presque partout insignifiant ou peut être évité. Les effets à échéance seuls supportent un droit proportionnel qui cesse d'être négligeable.

elle l'était dans l'exemple précédent; les cotes, préalablement nivelées, sont comparables sans autre transformation.

Supposons qu'en fait, Paris cote Londres 25,12 1/2. Autrement dit, le même jour :

| | | |
|---|---|---|
| 1 £ à vue s'échange | à Paris contre.................. | 25,125 |
| | à Londres contre............ ... | 25,1425 |

Quelle conséquence va-t-on en tirer dans les trois cas usuels?

1° Cas d'un débiteur français.

Le débiteur français peut :

*a*) Acheter à Paris un effet de 1 £ et l'adresser à son créancier. Coût.......................................... 25,125

*b*) Prier son créancier de tirer sur lui une traite à vue telle que, vendue à Londres, cette traite produise 1 £. Son montant sera de.............................. 24,1425

La voie de remise est donc préférable.

2° Cas d'un créancier français.

Le créancier français peut :

*a*) Prier son débiteur d'acheter à Londres pour 1 £ de papier sur Paris et de le lui adresser. L'encaissement à Paris de cette remise produira..................... 25,1425

*b*) Tirer un effet de 1 £ sur son débiteur et le vendre à Paris. Cette vente produira.......................... 25,125

La voie de remise est donc préférable.

3° Cas d'un arbitragiste français.

L'arbitragiste français achète à Paris un effet de 1 £ qui lui coûte.............. ......................... 25,1250

Il remet cet effet à un correspondant anglais qui en encaisse le montant (1 £) et emploie ce montant à l'achat d'un effet sur Paris adressé aussitôt à l'arbitragiste français. Celui-ci encaisse.......................... 25,1425

Bénéfice par £.................. 0,0175

ou 0,70 0/00 environ sur les 25 fr. 125 déboursés.

Ce bénéfice, ne l'oublions pas, serait réduit des frais afférents à l'opération.

Lorsqu'on couvre une dette par voie de remise, il peut être avantageux d'employer tantôt du papier long, tantôt du papier court, suivant les circonstances, l'état du marché et le taux d'intérêt en usage. Exemple :

Paris cote Berlin { papier long[1] 122,75 pour 100 marks / papier court 122,875 — } à vue.

Taux de l'escompte à Berlin : 4 0/0 l'an.

Je veux faire parvenir à Berlin 25.000 marks exigibles immédiatement et je puis me procurer à mon choix, soit du papier à 8 jours, soit du papier à 80 jours ; lequel des deux vais-je employer ? Calculons.

| | |
|---|---|
| *A*. Si j'envoie un effet de 100 marks à 8 jours, ci. | 100,000 marks |
| on me retiendra 8 jours à 4 0/0............ | 0,088 — |
| et je serai crédité de...................... | 99,912 marks |

Cet effet m'aura coûté :

| | |
|---|---|
| Le prix de 100 marks (court) à vue......... | 122 fr. 875 |
| Moins 8 jours à 4 0 0...................... | 0 fr. 109 |
| Soit...................... | 122 fr. 766 |

De sorte qu'en dépensant ici 122 fr. 766, je me ferai créditer à Berlin de M. 99,912 (frais de poste et autres non compris).

Pour être crédité de 1 mark ma dépense serait $\frac{122,766}{99,912}$.

(1) Les débutants ont quelquefois de la peine à comprendre comment le papier long peut être coté à vue : cela leur paraît inadmissible. En réfléchissant un peu, on conçoit cependant que je puis indiquer le prix auquel se négocient les effets à 60, 70, 80 jours, etc., en donnant comme base de calcul le prix de ces mêmes effets à vue, sauf rappel des intérêts pour l'échéance effective devant laquelle on se trouve. De même je pourrais indiquer le prix auquel se négocient 6, 7, 8 kilomètres d'étoffe en prenant pour base ce que coûterait 1 mètre de cette étoffe.

Et pour être crédité de 25.000 marks ma dépense serait :

$$\frac{122,766 \times 25.000}{99,912} = 30.718 \text{ fr. } 53.$$

| | |
|---|---|
| *B.* Si j'envoie un effet de 100 marks à 80 jours, ci. | 100,000 marks |
| on me retiendra 80 jours à 4 0/0........... | 0,888 — |
| et je serai crédité de...................... | 99,112 — |

Cet effet m'aura coûté :

| | |
|---|---|
| Le prix de 100 marks (long) à vue.......... | 122 fr. 750 |
| Moins 80 jours à 4 0/0.................... | 1 fr. 091 |
| | 121 fr. 659 |

Dépense pour couvrir 25.000 marks :

$$\frac{121,659 \times 25.000}{99,112} = 30.687 \text{ fr. } 25.$$

Les supputations qui précèdent peuvent être modifiées si l'effet qui sert de véhicule pour le règlement à faire appartient à la catégorie du papier dit *négociable*, c'est-à-dire revêtu de signatures indiscutées et susceptible, par suite, d'être recherché par les escompteurs à un taux dit *hors banque* plus bas que le taux courant.

Supposons que le taux de l'escompte hors banque soit actuellement à Berlin 2 3/4 0/0, notre effet à 80 jours produira net 99,39 M. au lieu de 99,112 ; mais comme le décompte à Paris se fait au taux officiel de la Reichsbank (actuellement 4 0/0), le prix d'acquisition de l'effet sera toujours 121,659.

La dépense pour couvrir 25.000 marks devient ainsi :

$$\frac{121,659 \times 25.000}{99,39} = 30.601 \text{ fr. } 41.$$

Il y a donc intérêt à couvrir avec du papier long et, s'il se peut, avec du papier négociable.

Remarque. — On voit que la seule difficulté réelle en tout ceci consiste :

A savoir par cœur les usages et les manières de coter dans chaque place;

A calculer rapidement (en tenant compte des frais);

A se décider avec promptitude pour ne pas arriver trop tard, les offres que l'on rencontre à tel cours n'étant généralement valables que pour quelques instants.

**Vente de change à terme; assurance du change.** — Quelques spéculateurs, prévoyant la hausse, achètent, soit ferme, soit à prime, des sommes en monnaie étrangère exigibles à une date ultérieure plus ou moins éloignée. Les vendeurs y trouvent l'avantage de s'assurer du change pour l'époque prévue sans courir le risque d'une variation de cours, et sans faire de débours immédiat.

Ces opérations ne se traitent pas d'une façon suivie; elles n'ont aucun marché proprement dit. Nous n'insisterions donc pas davantage si l'une de leurs modalités, *l'assurance du change*, ne nous semblait justifier quelques explications.

La question du change intéresse au plus haut point les commerçants exportateurs qui sont obligés de vendre leurs articles payables dans la monnaie du client.

Exemple. — Un Espagnol établi à Valence me demande à quel prix (en pesetas) je consentirais à lui livrer tel objet de mon commerce. Cet objet doit me produire 3.000 francs pour que l'opération laisse un profit normal. A l'époque de nos pourparlers, 100 francs s'échangent contre p$^{\text{es}}$ 109,50; la peseta ressort ainsi à $\frac{100}{109,50} = 0$ fr. 91324. Je fais donc le prix de 3.285 pesetas.

(3.285 $\times$ 0,91324 = 2.999 fr. 9934, pratiquement 3.000 francs.)

Ce prix est accepté après quelques tergiversations.

L'objet devant être établi sur des dessins spéciaux, sa confection exige un certain laps de temps qui s'ajoute au délai nécessité par l'échange des lettres fixant prix et conditions.

Quand l'époque de la livraison est arrivée, j'établis ma facture : P^as 3.285. Seulement il se trouve que le cours du change a varié; on cote à ce moment P^as 115,25 pour 100 francs par exemple, ce qui met la peseta à $\frac{100}{115,25} = 0$ fr. 867678. En négociant ma traite j'encaisserai :

| | |
|---|---|
| 3.285 × 0,867678 ...................... | 2.850 fr. 30 |
| Au lieu de ........................... | 3.000 fr. » |
| D'où une perte de .......... | 150 fr. 70 |

soit 5,023 0/0 de déchet sur mes prévisions. (Il va sans dire qu'un mouvement inverse a pu se produire, et je serais alors en bénéfice.)

L'exportateur qui fixe ses prix en monnaie étrangère risque donc de voir son gain soit augmenté, soit réduit ou même absorbé par les fluctuations du change. Évidemment, on supprime ce risque en refusant d'établir les prix de vente dans la monnaie de l'acheteur; mais cette intransigeance rend difficiles et même impossibles les relations avec certains pays dont les habitants n'ont aucun désir de subir eux-mêmes les aléas du marché monétaire.

On trouve aujourd'hui la possibilité de se couvrir en vendant par avance à un banquier la traite qui résultera de l'opération projetée. Cette opération, faite à un cours débattu et qui dépend des prévisions de hausse ou de baisse, a pour conséquence « d'assurer le change ». Si, dans l'hypothèse précédente, j'ai pu m'assurer le cours de 112 pesetas pour 100 francs par exemple, traite livrable dans deux mois, je fixerai le prix de vente à :

$$\left(3.000 \times \frac{112}{100}\right) = 3.360 \text{ pesetas.}$$

Peu m'importe ensuite que la peseta hausse ou baisse : je suis sûr d'encaisser mes 3.000 francs.

Le banquier qui a traité avec moi peut d'ailleurs se couvrir, à son tour, en vendant à terme ce qu'il m'a acheté.

On réalise encore l'assurance du change par d'autres combinaisons. Au moment de la commande, j'achète, par exemple, à Madrid 3.000 francs chèque sur Paris au cours du jour supposé être de P[as] 109,50 ou 110 pour 100 francs ; ces 3.000 francs sont livrables et payables dans deux mois. Si j'ai traité au cours de 110, je me trouve ainsi débiteur de

$$3.000 \times \frac{110}{100} = 3.300 \text{ pesetas,}$$

qui produisent intérêt à un taux débattu, par exemple 6 0/0. Ces éléments me suffisent pour fixer immédiatement mon prix de vente en pesetas. Le moment venu, je remettrai au banquier ma traite en pesetas qui soldera mon compte, et il m'adressera en échange un chèque sur Paris de 3.000 francs.

Si l'on emploie cette méthode, il faut s'attendre à ce que le banquier exige un dépôt de garantie, en prévision du cas où l'inexécution du marché le constituerait en perte.

**Simplifications arithmétiques.** — De tout temps, les arbitragistes ont eu la préoccupation de trouver quelque artifice de calcul accélérant leurs chiffrages et indiquant d'un coup d'œil l'opération à faire.

L'un des artifices les plus fréquemment employés est celui-ci :

Après avoir nivelé les cours des deux places se donnant réciproquement l'incertain (c'est presque toujours le cas), on les multiplie l'un par l'autre. Si le produit est égal au produit des bases, les places sont à la parité. S'il est supérieur, la voie de traite est avantageuse. S'il est inférieur, la voie de remise est préférable.

Exemple. — Paris cote Vienne 105 fr. 019 pour 100 couronnes à vue.

Vienne cote Paris K. 95,22 pour 100 francs à vue.

En multipliant on trouve que :

$$105{,}019 \times 95{,}22 = 9999{,}90918,$$

ou très approximativement 10.000, c'est-à-dire le produit 100 × 100 des bases de cotation.

Je dis que les cours sont à la parité.

En effet à Paris 105 fr, 019 s'échangent contre 100 couronnes.

| | | | | | |
|---|---|---|---|---|---|
| donc | 1 fr. | s'échange | — | $\frac{100}{105,019}$ | — |
| et | 100 fr. | s'échangent | — | $\frac{100 \times 100}{105,019}$ | — |

or, $\frac{100 \times 100}{105,019} = 95,2208...$, approximativement 95,22.

La parité du cours du papier autrichien à Paris est 95,22 ; et c'est justement le cours à Vienne du papier sur France. Les deux cours mis sous la même forme sont donc identiques; les deux places sont à la parité.

Mais l'égalité précédente montre que :

$$100 \times 100 = 10.000 = 95,2208... \times 105,019.$$

Cette remarque nous permet de substituer une multiplication à une division pour savoir à quoi nous en tenir ; c'est plus commode [1].

Autre exemple. — Paris cote Vienne 105,04.
Vienne cote Paris 96,13.
Multiplions; il vient :

$$105,04 \times 95,13 = 9.992,4552.$$

Le produit est sensiblement inférieur à 10.000, produit des bases; je dis que la voie de remise est avantageuse.

(1) La démonstration algébrique de cette règle est si simple que nous ne pouvons résister au désir de la rappeler ici.

Soient $c_1$ le cours de la place 1 sur la place 2; $c_2$ le cours de la place 2 sur la place 1, le tout pour 100 unités de monnaie étrangère. La parité du cours $c_2$ est $\frac{100 \times 100}{c_1}$ (application de la règle de trois). Si les places sont à la parité, on doit avoir :

$$\frac{100 \times 100}{c_1} = c_2, \quad \text{d'où} \quad 100 \times 100 = c_1 \times c_2.$$

En effet la remise coûte 105 fr. 04, ce qui peut encore s'écrire : $\frac{9.992,45}{95,13}$. Par la voie de traite un débiteur français paierait la parité du cours pratiqué à Vienne $\frac{10.000}{95,13}$, c'est-à-dire une somme plus forte (le numérateur de la fraction augmente, le dénominateur ne change pas). De même un Français créancier de 100 couronnes qui ferait traite encaisserait en francs $\frac{9.992,45}{95,13} = 105,04$. S'il se fait adresser une remise sur Paris achetée à Vienne, cette remise produira $\frac{10.000}{95,13}$, c'est-à-dire un plus grand nombre de francs.

On démontrerait avec la même facilité que l'emploi des remises croisées est favorable au spéculateur.

Bien entendu, on pourrait faire des raisonnements semblables si l'arbitragiste était placé à Vienne.

Autre exemple. — Paris cote Vienne 105,035.

Vienne cote Paris 95,2275.

Multiplions; il vient :

$$105,035 \times 95,2275 = 10.002,22046...$$

Le produit est sensiblement supérieur à 10.000, produit des bases ; je dis que la voie de traite est avantageuse.

En effet, la traite coûte $\frac{10.000}{95,2275}$, c'est-à-dire la parité du cours de Paris à Vienne, tandis que la remise coûte 105,035, soit $\frac{10.002,22046}{95,2275}$, c'est-à-dire davantage.

**Formules mnémoniques.** — Étant données deux places qui se cotent réciproquement (les cours étant préalablement nivelés) on peut considérer deux cas.

1° Les deux places donnent l'incertain :

Dès lors { si le produit des cours < produit des bases : *remise*.
si le produit des cours > produit des bases : *traite*.

2° Une place donne l'incertain (cours $= P_i$), l'autre le certain (cours $= P_c$).

$$\text{Dès lors} \begin{cases} \text{si } P_i < P_c : \textit{remise.} \\ \text{si } P_i > P_c : \textit{traite.} \end{cases}$$

Remarque. — Lorsque les cours sont exprimés en prime et en perte, on doit se tenir en garde contre l'erreur suivante :

Madrid cote Paris 15,60 0/0 de prime ; si au même moment Paris cote Madrid, l'équivalent de 15,60 0/0 de perte (422 francs pour 500 pesetas), *il ne faut pas croire que les cours soient à la parité.*

En effet, ces deux cotes signifient que :

A Madrid on échange 100 francs contre 115,60 pesetas ;

A Paris on échange 84 fr. 40 contre 100 pesetas.

S'il y avait parité, le produit des cours serait égal au produit des bases ; or il n'en est pas ainsi, car on a :

$$115{,}6 \times 84{,}4 = 9.756{,}64,$$

résultat différent de 10.000.

Quand ces *agios* (prime ou perte) sont suffisamment petits, qu'ils ne dépassent pas 1/2 ou 1 0/0 par exemple, on peut à la rigueur considérer approximativement qu'il y a parité au cas où les agios seraient égaux et de signes contraires. L'erreur est alors d'un ordre à peu près négligeable. Mais au-dessus de ces écarts, on se tromperait plus ou moins lourdement en raisonnant ainsi.

Certains auteurs appliquent le système de cotation par les agios à toutes les monnaies en se basant sur le *pair*.

On dit que le change est *au pair* quand le prix à payer pour l'acquisition d'un effet représente une quantité d'or *égale* à celle que l'encaissement de l'effet produira.

Exemple. — J'achète un effet de 1 £. Son encaissement produira $7^{gr},322$... d'or pur (voir chapitre I). Si je débourse l'équivalent de $7^{gr},322$ pour cet achat, j'aurai payé l'effet *au pair*.

On sait qu'en France 1 kilogramme d'or représente sous forme de monnaie 3.444 fr. 44. Par conséquent, sous cette forme un franc est le nom donné à $0^{gr},290322...$ d'or pur. Autant de fois 0,290322... sera contenu dans 7,322..., autant la livre sterling vaudra de francs au sens réel du mot. Effectuons :

$$\frac{7,322}{0,290332} = 25 \text{ fr. } 22...$$

Si donc on paie 25 fr. 22 pour obtenir l'effet, on aura déboursé,

$$25,22 \times 0,290322 = 7^{gr},322 \text{ d'or pur,}$$

c'est-à-dire justement ce qu'on encaissera lors du paiement de l'effet par celui qui en est débiteur.

Chaque fois que la cote indiquera 25 fr. 22 pour le prix de négociation des effets sur l'Angleterre, on dira que le *change est au pair*.

Ce cours remarquable, notons-le bien, est le cours normal du change, celui que l'on constate dans la période où les Français et les Anglais se doivent réciproquement la même somme. Mais si, pour une cause quelconque, nous devons à l'Angleterre plus qu'elle ne nous doit, il faut lui envoyer du papier en plus grande quantité pour éteindre notre dette ; ce papier va être recherché et fera prime, par exemple de 1 0/00 sur le pair. Le change monte alors à 25 fr. 24 1/2. Une prime de 2 0/00 le ferait monter à 25 fr. 27, etc., jusqu'à la limite pratique de 25 fr. 34 ou 25 fr. 35 à partir de laquelle les débiteurs français cesseront d'acheter du papier, préférant envoyer de l'or.

Inversement, si l'Angleterre est notre débitrice, le papier sur Londres abondera chez nous ; il se vendra au-dessous du pair, c'est-à-dire 25 fr. 15, 25 fr.14 et ainsi de suite, jusqu'à limite inférieure du gold-point d'importation.

**Construction et usage des tables.** — Un certain nombre d'arbitragistes ont imaginé de réduire le nombre des calculs nécessaires à l'accomplissement d'un arbitrage. Ainsi Pottier[1] dresse pour chaque place cotée à Paris, par exemple, la liste des cours usuels; en face de ces cours, il indique la différence en plus ou en moins qui existe entre eux et le pair. Pour les arbitrages en fonds publics, Ottomar Haupt [2] propose l'emploi *du change fixe combiné*, augmenté ou diminué d'une différence, dont il donne le tableau. D'autres tableaux facilitent, dans certaines limites, l'obtention rapide des parités les plus fréquentes.

Avec un peu d'ingéniosité, chaque arbitragiste peut établir des formules et des tableaux répondant à ses besoins personnels.

Exemple. — Si l'on opère habituellement sur l'argent en barre, on ne tarde pas à remarquer que la conjointe se présente toujours comme suit :

| | | |
|---|---|---|
| $x$ fr. pour 1.000 grammes d'argent pur ; | | |
| 31$^{gr}$,1 argent pur valent | | 1 oz d'argent pur ; |
| 222 oz | — — | 240 oz au titre légal (standard) ; |
| 1 oz argent (std) | — | C pence (le cours à Londres) ; |
| 240 d. | — | 1 £ ; |
| 1 £ | — | $c$ fr. (le cours du change à Paris) ; |

d'où :

$$x = \frac{1.000 \times 240 \times C \times c}{31,1 \times 222 \times 240}.$$

Mais après avoir éliminé 240 haut et bas, on s'aperçoit que la quantité $\frac{1.000}{31,1 \times 222}$ est composée d'éléments constants; elle est donc elle-même constante. Effectuons, il vient : $\frac{1}{6,9042}$.

(1) *Manuel de la Banque*, Paris, 1803.

(2) *Arbitrages et Parités*. Cet ouvrage, publié pour la première fois chez nous en 1872, a eu pendant très longtemps un succès considérable dans le monde professionnel. La 8e et dernière édition (1894) est, me dit-on, épuisée ; mais on en trouve des exemplaires dans la plupart des bibliothèques techniques.

De sorte que la parité en francs du cours de l'argent à Londres exprimé en pence s'obtient immédiatement par le calcul ci-après :

$$\frac{\text{cours de l'argent en pence} \times \text{cours du change}}{6,9042}.$$

Et l'on peut dresser la table suivante :

COURS DE L'ARGENT

| COURS DU CHANGE | 30 | 30 1/2 | 31 | 31 1/2 | 32 |
|---|---|---|---|---|---|
| 25,10 | 109,06 | 110,88 | 112,69 | ........ | ........ |
| 25,11 | 109,10 | 110,92 | 112,74 | ........ | ........ |
| 25,12 | 109,15 | 110,97 | ........ | ........ | ........ |
| 25,13 | 109,19 | 111,01 | ........ | ........ | ........ |
| ........ | ........ | ........ | ........ | ........ | ........ |

Des tables analogues pourraient être construites dans une foule d'autres cas.

## CHAPITRE VIII

### ARBITRAGES COMPLEXES

Nous nous sommes placés jusqu'ici dans l'hypothèse très simple où l'on considère deux places seulement, pour raisonner sur la monnaie de ces places : c'est l'*arbitrage sur change direct*.

Il y a d'autres façons d'opérer. On peut régler une dette par la remise de valeurs ou de marchandises quelconques achetées sur une place et vendues sur l'autre ; ces valeurs sont le plus souvent ou des métaux précieux, ou des valeurs mobilières, ou des effets payables dans un troisième pays.

Ainsi, il est possible de régler une dette exigible à Vienne, par l'envoi de papier sur Londres que le créancier viennois vendra, et dont le prix servira à le désintéresser. C'est l'*arbitrage sur change indirect*. On pourrait également prier ce créancier de tirer sur une maison de Londres dont on lui donnerait le nom, et de vendre l'effet ainsi créé, etc., etc.

On conçoit la variété et le nombre des combinaisons possibles. Nous n'essaierons donc pas de les décrire en totalité ; nous en donnerons seulement quelques exemples.

Premier exemple. — A Paris la piastre mexicaine [1] vaut 2 fr. 36 et le papier sur Londres 25 fr. 17 à vue. A Londres la

[1] Monnaie d'argent pesant environ 27gr,05 au titre réel de 0,898.

piastre mexicaine se vend 25 3/4 l'oz, brute; le papier sur Paris se cote 25 fr. 38 à 3 mois.

Nous sommes débiteurs de Londres. Vaut-il mieux :

1° Prier Londres de tirer sur nous?

2° Remettre à Londres du papier?

3° Expédier à Londres des piastres?

| | |
|---|---|
| *Tirage.* — Du cours à trois mois .................... | 25 fr. 38 |
| Retranchons [1] (par approximation) 90 jours d'intérêt au taux de Paris qui est de 3 0/0, ci .................. | 0 fr. 19 |
| Cours à vue [2]................ | 25 fr. 19 |
| *Remise de papier.* — Le cours à vue du Londres à Paris est .............................................. | 25 fr. 17 |
| *Envoi de piastres.* — Un envoi de 1.000 piastres coûterait comme prix d'achat........................... | 2.360 fr. » |
| Plus les frais d'envoi, environ 3 0/00................ | 7 fr. 08 |
| | 2.367 fr. 08 |

Ce lot de piastres pèse environ 27kg,050 ou 27.050 grammes. Convertissons en oz à 31gr,103, il vient

$$\frac{27.050}{31,103} = 869,691 \text{ oz.}$$

L'oz se vendant à Londres 25 3/4, le produit de notre envoi sera

$$\frac{869,691 \times 25\ 3/4}{240} = £\ 93,3105.$$

Si pour produire à Londres £ 93,3105, j'ai dépensé 2.367 fr. 08, pour produire £ 1, je dépenserai

$$\frac{2.367,08}{93,3105} = 25 \text{ fr. } 367.$$

(1) On se souvient que le papier sur Paris est coté à Londres d'après le système du *certain*.

(2) Dans la pratique on aurait choisi tout de suite le cours à vue. Nous avons pris le cours à trois mois pour avoir l'occasion de niveler.

Par la règle conjointe, on aurait :

| | |
|---|---|
| $x$ francs pour | 1 £ |
| sachant que 1 £ vaut | 240 d. |
| que 25 3/4 sont le prix de | 1 oz |
| que 1 oz vaut | 31gr,103 |
| et que 27gr,05 (1 piastre) valent | 2 fr. 36 |
| | $x$ = 25 fr. 292 |
| Plus 3 0/00 de frais..... | 0 fr. 075 |
| Au total......... | 25 fr. 367 |

Résumons-nous :

| | |
|---|---|
| Payer 1 £ à Londres par tirage de cette ville sur nous, coûte........................................ | 25 fr. 19 |
| Payer par remise de papier à Londres (sauf les frais de timbre) coûte........................................ | 25 fr. 17 |
| Payer par un envoi de piastres, coûte................ | 25 fr. 367 |

Nous emploierons donc la voie de remise.

Si nous ne sommes ni débiteurs ni créanciers de Londres et que nous voulions spéculer sur la différence des cours qui précèdent, nous achèterons la piastre à Londres pour la vendre à Paris; cela nous rendra débiteurs à Londres de 1 £ qui aura produit à Paris 25 fr. 37. Nous couvrirons notre créancier par une remise de papier sur Londres; la £ de ce papier coûtera 25 fr. 17. Nous aurons donc gagné 0 fr. 20 par £.

Deuxième exemple :

| | |
|---|---|
| A Paris le papier sur l'Allemagne vaut................ | 123 5/16 |
| et le papier sur l'Autriche......................... | 104 9/16 |
| A Vienne le papier sur l'Allemagne vaut.............. | 117,68 |
| et le papier sur la France.......................... | 95,75 |
| A Berlin le papier sur l'Autriche vaut............... | 84,85 |
| et le papier sur la France.......................... | 81,40 |

le tout à vue. (Les cours sont par conséquent nivelés; dans le cas contraire, on procéderait d'abord à cette opération.)

Je suis débiteur de 1.000 couronnes payables à Vienne. Pour m'acquitter, je puis employer l'un des procédés suivants :

1° Remettre du papier sur Vienne acheté à Paris ;

2° Prier Vienne de tirer sur moi ;

3° Acheter à Paris du papier sur Berlin et le faire vendre à Vienne ;

4° Remettre du papier sur Vienne acheté à Berlin, puis couvrir Berlin : *a*) par une remise ; *b*) en lui faisant faire traite sur moi ;

5° Prier Vienne de tirer sur Berlin, puis couvrir Berlin : *a*) par une remise ; *b*) en lui faisant faire traite sur moi.

Voyons quelle sera ma dépense dans chaque cas (la question des frais étant laissée de côté).

1° Si je fais une remise directe, le papier sur Vienne coûtant à Paris 104,5625, je dépenserai pour 1.000 couronnes 1.045 fr. 625 ;

2° Si Vienne tire sur moi, cette traite sera égale à la parité du cours multipliée par 10 (puisqu'il s'agit de 1.000 couronnes) ce qui fait $\frac{10.000}{95,75} \times 10$ ou 1.044 fr. 386 (1) ;

3° Si j'achète à Paris un effet en marks pour le faire vendre à Vienne, il faudra que cet effet soit d'un montant tel que sa vente produise 1.000 couronnes.

| Or, à Vienne la vente d'un effet de | 1 mark produit | $1^{k},1768$ |
|---|---|---|
| | $\frac{1}{1,1768}$ — | 1 k. |
| | $\frac{1.000}{1,1768}$ — | 1.000 k. |

Je devrai donc me procurer un effet de M. $\frac{1.000}{1,1768}$ qui me coûtera 1 fr. 233125 par mark.

Ma dépense sera donc de $\frac{1.000 \times 1.233125}{1.1768}$ ou 1.047 fr. 862.

(1) Ce résultat était à prévoir, car le produit des cotes réciproques de Vienne et Paris donne 10.009,768125, soit plus que le produit (10.000) des bases ; la voie de traite est donc préférable entre ces deux places.

4° Si Berlin remet à Vienne un effet de 1.000 couronnes coûtant 84,85, je me trouve débiteur à Berlin de M. 848,50.

*a*) Pour le payer, j'achète à Paris un effet de pareille somme au prix de 1 fr. 233125 le mark. Ma dépense est finalement de 848,50 × 1,233125, soit 1.046 fr. 306.

*b*) Dans le cas où Berlin se rembourse en tirant sur moi, il faut que sa traite soit telle qu'il recueille en la vendant M. 848,50.

| Or, la vente d'une traite de | 1 franc | produit | 0,814 marks |
|---|---|---|---|
| | $\frac{1}{0,814}$ | — | 1,000 — |
| | $\frac{848,5}{0,814}$ | — | 848,50 — |

La traite que j'aurai à payer sera donc de $\frac{848,5}{0,814}$, soit 1.042 fr. 383;

5° Si Vienne tire sur Berlin, la vente de sa traite devra produire 1.000 couronnes. Il faut donc que cette traite soit de $\frac{1.000}{1,1768}$ marks.

Dès lors : *a*) la couverture, adressée par moi à Berlin au moyen d'une remise, coûte (comme au numéro 3) 1.047 fr. 863.

*b*) Dans le cas où Berlin se rembourse sur moi par traite, cette traite sera de $\frac{1.000}{1,1768 \times 0,814}$, soit 1.043 fr. 929.

Finalement, dans l'ordre de préférence, les moyens que j'emploierai pour régler à Vienne une dette de 1.000 couronnes sont ceux-ci :

| | Dépense |
|---|---|
| (4-*b*) Faire remettre 1.000 couronnes achetées à Berlin, mon correspondant de Berlin se remboursant par traite sur moi.................................. | 1.042 fr. 383 |
| (5-*b*) Faire tirer par Vienne la contre-valeur de 1.000 couronnes sur Berlin qui se rembourse par traite sur moi.................................. | 1.043 fr. 929 |
| (2) Prier Vienne de tirer sur moi la contre-valeur de 1.000 couronnes.................................. | 1.044 fr. 386 |

| | Dépense |
|---|---|
| (1) Remettre à Vienne 1.000 couronnes achetées à Paris.................................... | 1.045 fr. 625 |
| (4-*a*) Faire remettre 1.000 couronnes par Berlin à Vienne, puis couvrir Berlin en une remise achetée à Paris.................................... | 1.046 fr. 306 |
| (3) Remettre à Vienne des marks allemands achetés à Paris en quantité suffisante pour produire 1.000 couronnes.................................... | 1.047 fr. 862 |
| (5-*a*) Ou, ce qui revient au même, prier Vienne de tirer sur Berlin la contre-valeur de 1.000 couronnes et couvrir ensuite Berlin par une remise achetée à Paris.................................... | 1.047 fr. 862 |

S'il s'agissait au contraire d'encaisser 1.000 couronnes, je prierais Vienne de consacrer cette somme à l'achat d'un effet sur Berlin, puis de me l'adresser. Le montant de cet effet s'élèverait à M. $\frac{1.000}{1,1768}$. Je le vendrais à Paris et j'encaisserais

$$\frac{1.000 \times 1,233125}{1,1768} = 1.047 \text{ fr. } 862.$$

Un arbitragiste combinant cette opération avec celle qui a été décrite sous le numéro *4-b* débourserait 1.042 fr. 383 et recevrait 1.047 fr. 862 ; soit 1/2 0/0 environ de bénéfice.

Les supputations qui précèdent sont relativement longues. On a cherché par divers moyens à les rendre plus rapides.

H. Lefèvre propose d'inscrire les diverses cotes réciproques autour d'une circonférence dans un ordre donné, et il en déduit certaines conséquences qui fournissent des règles d'une application mécanique.

M. Lepeltier conseille d'écrire les six cotes en colonne suivant des principes qu'il indique, et de tirer les parités des trois dernières. La comparaison de ces parités avec les trois premières cotes indique ce qu'il convient de faire.

Nous n'entrons pas dans le détail de ces différents procédés ; ils n'intéressent que les spécialistes auxquels le présent opuscule n'a la prétention de rien apprendre, et ne sauraient être accessibles à la généralité de nos lecteurs (1).

C'est, d'ailleurs, la pratique seule qui peut former un arbitragiste, car les conditions dans lesquelles on opère sont infiniment variables; et puis il ne suffit pas d'imaginer une opération, il faut encore pouvoir l'exécuter, ce qui suppose l'existence d'un crédit bien assis, la possession de capitaux considérables, la collaboration de correspondants établis sur les différentes places, la possibilité de trouver vendeur ou acheteur aux cours limites, etc.

Outre les arbitrages sur changes proprement dits, on peut en concevoir sur les marchandises et sur les valeurs mobilières. Ici encore, des conditions spéciales doivent être remplies, car toutes les valeurs ne se négocient pas indifféremment partout; seules, les valeurs dites *internationales* se trouvent dans ce cas et peuvent donner lieu à des arbitrages. Certaines opérations financières considérables, le paiement d'une indemnité de guerre, par exemple, ont été facilitées par des combinaisons de ce genre. Nous nous bornerons à en indiquer l'existence.

(1) Nous avons également rejeté comme inutiles les expressions *parité*, *prix de revient et ordre de banque* que les théoriciens emploient souvent pour baptiser arbitrairement telles ou telles opérations. On ne s'en sert jamais en pratique. Quant aux « cotes chiffrées » abondamment décrites dans certains ouvrages, il y a longtemps que le télégraphe et le téléphone en ont rendu la confection impraticable faute du temps matériel nécessaire. Avant l'achèvement du tableau, plusieurs de ses éléments auraient déjà varié.

## CHAPITRE IX

### RÉSOLUTION DE QUELQUES PROBLÈMES

1. — *Dresser à Paris, le 17 décembre, l'aval d'un effet de fl. 4.200 tiré de Paris sur Amsterdam. Echéance 10 mars. Cours* 208 11/16. *Taux* 5 0/0.

| | | | | |
|---|---|---|---|---|
| 4.200 florins | Amsterdam, 10 mars | 83 | 3.486 | |
| 50,67 | { 2,25 timbre hollandais<br>{ 48,42 int. 5 0/0 | | | |
| 4.149,33 florins | | | | |
| | à 208 fr. 11/16.................. | | | 8.659 fr. 13 |

2. — *Dresser, le 3 avril, l'aval d'un effet de lire* 12.000 *tiré de Paris sur Gênes. Echéance du* 31 *mai. Cours* 99 1/2. *Taux* 5 0/0.

| | | | | |
|---|---|---|---|---|
| 12.000 lire | Gênes, 31 mai | 58 | 6.960 | |
| 111,16 | { 14,50 timbre italien<br>{ 96,66 int. 5 0/0 | | | |
| 11.888,84 lire | | | | |
| | à 99 fr. 1/2........................ | | | 11.829 fr. 40 |

3. — *Dresser le* 10 *septembre l'aval des trois effets sur Londres détaillés ci-dessous et revêtus du timbre anglais. Cours* 25,16.

Taux 3 0/0. *(Il y a trois jours de grâce après l'échéance indiquée sur les effets).*

| | | | |
|---|---|---|---|
| £ 508. 4.10 | Londres, 20/23 novembre | 74 | 376 |
| 287.16. 9 | 1/4 décembre | 85 | 245 |
| 625. 7. 8 | 5/8 — | 89 | 557 |
| £ 1421. 9. 3 | | | 1178 |
| 9.16. 4 | int. 3 0/0 | | |
| £ 1411.12.11 | | | |

à 25 fr. 16............................ fr. 35.517

4. — *Dresser le 30 juillet l'aval des quatre effets sur Barcelone détaillés ci-dessous et dont le premier seulement est muni du timbre espagnol. Cours 463. Taux 4 1/2 0/0.*

| | | | | | |
|---|---|---|---|---|---|
| 12.000 | pesetas | T. | Barcelone, 30 septembre | 62 | 12.115 |
| 7.540,80 | | 6 | — 30 — | | |
| 5.800 | | 4 | — 31 — | 93 | 5.394 |
| 13.655,45 | | 9 | — 5 — | 98 | 13.382 |
| 38.996,25 | | 19 timbre | | | 30.891 |
| 405,14 | | 386,14 int. 4 1/2 0/0 | | | |
| 38.591,11 | pesetas | | | | |

à 463 francs................ 35.735 fr. 37

5. — *L'argent est coté à Londres 24 3/8. Change 25,20 1/2. Quelle devrait être la cote de l'argent à Paris pour que les cours fussent à la parité?*

Réponse : $\frac{25,375 \times 25,215}{6.9042} = 92$ fr. 672.

6. — *L'argent valant à Paris 93,25 et le change sur Londres étant à 25,19, quelle devrait être la cote de l'argent à Londres pour que les cours fussent à la parité?*

Réponse : $\frac{93,25 \times 6,9042}{25,19} = 25,558$ ou environ d. 25 9/16 par excès.

**7.** — *J'expédie à Londres un lingot d'or pesant* $16^{kg},483$ *au titre* 0,9864. *On vend ce lingot pour mon compte sur le pied de* 78/2 *l'oz standard et l'on retient* 3 0/00 *de frais. De combien serai-je crédité?*

(*N. B.* — $16^{kg},483$ *correspondent à oz* 529,9488. *Avec sa balance, mon correspondant a trouvé oz* 529,5 *poids que j'accepte.*)

Décompte :

| | *Brut* | *Titre* | *Standard* | |
|---|---|---|---|---|
| oz | 529,5 | 0,9864 | oz 569,780 | |
| | | à 78/2................. | £ | 2.226.17.9 |
| | | Frais 3 0/00..... | | 6.13.7 |
| | | Net............. | £ | 2.220. 4 2 |

**8.** — *Pour utiliser le produit du lingot ci-dessus, produit qui est à ma disposition à Londres, je puis (par hypothèse) :*

a) *Tirer sur Londres et vendre mon chèque à* 25,21.

b) *Faire adresser par mon correspondant de Londres à celui de Berlin un effet en marks acheté à Londres (sur la base de* 20,32 *à* 3 *mois) puis tirer sur Berlin et vendre mon chèque* 123 1/4. *Taux à Berlin* 4 0/0.

*Quelle est la solution la plus avantageuse ?*

*a*) £ 2220.4.2 à 25 fr. 21............ 55.971 fr. 45

| *b*) | | |
|---|---|---|
| | Cours à 3 mois................ | 20,32 |
| | Plus 3 mois 4 0/0............ | 0,2032 |
| | Cours à vue.................. | 20,5232 |

Raisonnement :

1 £ procure 20,5232 marks à vue,
2220.4.2 £ procurent 2220,2083 × 20,5232 = 45565,78 marks à vue.

Ayant tiré sur Berlin pour cette dernière somme, je vends ma traite et j'encaisse :

45.565,78 × 1,2325 soit 56.159 fr. 82

Il y a donc avantage à réaliser par Berlin.

Vérification :

| | | |
|---|---|---|
| | $x$ francs pour 1 £ | |
| Sachant que | 1 £ à Londres vaut | 20,5232 marks |
| que | 1 mark à Paris vaut | 1,2325 |
| | $x = 25,294844$ | |

ou 25,29 1/2 (contre 25,21 à Paris) ; soit un écart de 0 fr. 08 1/2 par £ et, pour 2.220 £, environ 188 francs. Or le décompte exact nous donne 188 fr. 37 de différence.

**9.** — *Ayant acheté à Paris* 1.300 *souverains (pièces d'or de* 1 £) *qui pèsent au total* 10kg,366 *et me coûtent* 25,13 1/2 *l'un, je les expédie à Amsterdam où l'on m'en crédite, moins* 1 0/00 *de frais, à raison de* 1.650 *fl. le kilo sur la base d'un titre moyen de* 0,9165. *Ceci fait, je me rembourse en tirant sur Amsterdam, et je vends ma traite à Paris* 208,95. *Quel est mon bénéfice ?*

1° Coût de mon acquisition :

$$1.300 \times 25,135 = 32.675 \text{ fr. } 50.$$

2° Décompte à Amsterdam :

| *Brut* | *Titre* | *Fin* | |
|---|---|---|---|
| 10kg,366 | 9165 | 9kg,500439 | |
| à 1.650 florins.............. | | | 15.675,72 florins |
| frais 1 0/00.................. | | | 15,67 |
| Net............. | | | 15.660,05 florins |
| Lesquels à 2 fr. 0895 le florin produisent. | | | 32.721 fr. 67 |
| Bénéfice : 32.721,67 moins 32.675,50, soit. | | | 46 fr. 17 |

ou 1,412 0/00 de la somme déboursée.

Vérification :

Un souverain pèse $\frac{10,366}{1300} = 7^{gr},9738$ (pratiquement $7^{gr},974$).

Il produit à Amsterdam :

$$7{,}974 \times 0{,}9165 \times 1{,}65 \times 0{,}999 = 12{,}04642 \text{ florins.}$$

Mais

12,04642 × 2,0895 = 25,17099 (produit d'un souverain)
Contre...... 25,135 (coût — )

Bénéfice.... 0,03599

Pour 25,135 déboursés je gagne 0,036, soit 1,432 0/00. (La différence 0,02 0/00 avec l'autre coefficient vient de ce que j'ai calculé sur 7,974 au lieu de 7,9738).

10. — *J'ai à payer* 152.000 *M. à Berlin. Paris cote Berlin* 123 5/8. *Berlin cote Paris* 81,05 *à* 8 *jours* (*taux à Paris* 3 0/0). *Dois-je remettre? Dois-je faire tirer sur moi?* (*On suppose que ces deux procédés sont à ma disposition*). *Et quel intérêt y a-t-il à employer l'un ou l'autre procédé?*

| | |
|---|---|
| Cours à 8 jours.................. | 81,05 |
| Plus 8 jours à 3 0/0.............. | 0,0603 |
| Cours à vue............ | 81,1103 |

Multiplions :

$$123{,}625 \times 81{,}1103 = 10.027{,}2608375 > 10.000.$$

La voie de traite est préférable.

Si je remettais, je paierais : $152.000 \times 1{,}23625 = 187.910$ francs

En faisant tirer, je paierai : $\dfrac{152.000}{81{,}1103} = 187.399$ fr. 10

Le second mode de règlement me fait épargner : 510 fr. 90

soit un peu moins de 3 0/00.

Ce résultat était à prévoir : le produit des cours excède le produit des bases de 2,726 0/00.

11. — *Je voudrais faire parvenir à Saint-Pétersbourg*

20.000 *roubles. Dois-je les acheter à Paris ou à Berlin, et, dans ce dernier cas, réglerai-je Berlin par traite ou par remise ?*

Les cours sont ceux-ci :

| | | |
|---|---|---|
| *Paris cote* | *Pétersbourg*.......... | 266 5/8 *tel quel* |
| | *Berlin*............... | 123 1/4 *à vue* |
| *Berlin cote* | *Pétersbourg*.......... | 216 1/2 *tel quel* |
| | *Paris*................. | 81 *à 8 jours (taux* 3 0/0) |

1° Ramenons à vue la cote de Paris à Berlin.

| | |
|---|---|
| Cours à 8 jours.................. | 81 |
| Plus 8 jours 3 0/0.............. | 0,054 |
| Cours à vue........... | 81,054 |

Multiplions :

$$123{,}25 \times 81{,}054 = 9.989{,}9055 < 10.000.$$

La voie de remise sera préférable.

2° Coût de 20.000 roubles achetés à Paris :

$$20.000 \times 2{,}66625 = 53.325 \text{ francs.}$$

3° Coût d'un achat de 20.000 roubles à Berlin, couvert par une remise :

$$20.000 \times 2{,}165 \times 1{,}2325 = 53.367 \text{ fr. } 25$$

En achetant à Paris j'économise donc 42 fr. 25.

La couverture de Berlin par traite coûterait :

$$\frac{20.000 \times 2{,}165}{0{,}81054} = 53.421 \text{ fr. } 17,$$

c'est-à-dire encore plus cher.

**12.** — *Paris cotant l'Espagne* 463,50 *et Barcelone cotant Paris* 8,15 0/0 *de prime, quel sera le mode le plus avantageux* *pour faire venir* 180.000 *pesetas qui me sont dues par un habitant de Barcelone ?*

Multiplions :

$$108,15 \times 92,7 = 10.025,505 > 10.000.$$

J'emploierai la voie de traite.

En tirant j'obtiendrai :

$$180.000 \times 0,927 = \underline{\underline{166.860 \text{ francs.}}}$$

En me faisant faire une remise, j'aurais encaissé :

$$\frac{180.000}{1,0815} = \underline{\underline{166.435 \text{ fr. } 50,}}$$

c'est-à-dire 424,50 de moins (environ 2 1/2 0/00). Ce résultat était à prévoir : 25,505 en plus de 10.000 font en effet à peu près 2 1/2 0/00 de différence.

13. — *Je puis me procurer à Hambourg* 5.000 *souverains pesant en moyenne* 7g,968 *l'un* (*titre* 916,6). *On me demande M.* 20,42 *par pièce et le correspondant se rembourserait sur moi à* 81,15 *tel quel. Si j'ai à payer* 2 0/00 *de frais et que l'or fasse à Paris* 5 0/00 *de prime, cette opération est-elle intéressante pour moi ?*

Poids d'or fin obtenu :

$$5.000 \times 7,968 \times 0,9166 = 36,517344 \text{ kilogrammes.}$$

Coût de l'achat :

$$\frac{5.000 \times 20,42 \times 1,002}{81,15} = 126.068 \text{ fr. } 22.$$

Le kilo ressort à $\frac{126.068,22}{36,517344}$ = 3.452 fr. 283

Le pair qui est............. 3.437

Se trouve dépassé de.... 15 fr. 283

ce qui fait 4,45 0/00 de prime.

J'ai donc intérêt à acheter les 5.000 souverains qui vendus au poids produiraient à Paris :

| | |
|---|---|
| 36,517344 × 3.457,622 = | 126.263 fr. 02 |
| Contre une dépense de | 126.068 fr. 22 |
| Je gagnerai....... | 194 fr. 80 |

soit 1,545 0/00 de la somme déboursée.

**14.** — *M'étant procuré à Paris* 67kg,124 *d'argent à* 0,987 *au prix de* 89,75, *j'expédie ce métal à Londres où il est rendu* 24 3/8. *Mon correspondant reconnait à l'arrivée un poids de oz* 2157,6 *et son essai, que j'accepte, donne* 0,986. *Les frais* 3 0/00 *sont à ma charge.*

*A quel prix de revient cela me fait ressortir chaque £ dont je suis crédité à Londres par suite de l'opération?*

1° Décompte de l'achat à Paris :

67,124 × 0,987 × 89,75 = 5.946 fr. 06.

2° Décompte de la vente à Londres :

| *Brut* | *Titre* | *Standard* | |
|---|---|---|---|
| oz 2157,6 | 986 | oz 2320,792 | |
| | | à 24 3/8.............. | £ 235.14. 1 |
| | | Frais 3 0/00.......... | 0.14. 2 |
| | | Net............ | £ 234.19.11 |

Prix de revient d'une £ :

$$\frac{5.946,06}{234,998} = 25,30\ 1/4.$$

Si à ce moment le chèque sur Londres vaut à Paris 25,32, je pourrai avec avantage me couvrir en tirant sur Londres ; ce qui produira :

| | |
|---|---|
| 234,998 × 25,32 = | 5.950 fr. 15 |
| Et comme j'ai déboursé. | 5.946 fr. 06 |
| Je gagnerai....... | 4 fr. 09 |

soit 0,687 0/00.

Affaire peu intéressante à cause des frais qui absorbent la plus grande partie du bénéfice.

**15.** — *Mon correspondant de Vienne m'offre 200.000 francs environ en chèque sur Anvers à 94,90 (couronnes pour 100 francs). Il me laisse le choix du mode de couverture.*

*Connaissant les cotes ci-après :*

| | |
|---|---|
| *Vienne cote Paris*........................ | 95,20 |
| *Anvers cote Vienne*........................ | 105,25 |
| — *Paris*........................ | 100,18 1/2 |
| *Paris cote la Belgique*........................ | 99 15/16 |
| — *Vienne*........................ | 104,90 |

*voyons quelle opération je puis faire.*

Si j'achète le papier, je me trouverai débiteur à Vienne de k. 94,90 et créancier à Anvers de 100 francs (belges).

Il faudra régler Vienne.

Multiplions :

$$95{,}20 \times 104{,}90 = 9.986{,}48 < 10.000\ ;$$

je couvrirai donc par une remise.

J'aurai en outre à me rembourser sur Anvers.

Multiplions :

$$100{,}185 \times 99{,}9375 = 10.012{,}2384\ldots\ldots > 10.000\ ;$$

je me rembourserai donc par une traite. Ce procédé serait également recommandable si je me trouvais débiteur à Anvers.

Il en serait de même dans le cas où je chargerais Anvers de couvrir Vienne.

Ceci posé, trois chiffrages sont à faire.

1° Vienne couvert par une remise achetée à Paris :

$$200.000 \times 94{,}90 \times 104{,}90 = \underline{\underline{199.100 \text{ fr. } 20}}\ ;$$

2° Vienne couvert par Anvers qui se rembourserait en faisant traite sur moi :

$$\frac{200.000 \times 94{,}90 \times 105{,}25}{100{,}185} = \underline{\underline{199.395 \text{ fr. } 60.}}$$

Je couvrirai donc Vienne moi-même avec une remise achetée à Paris.

3° Reste à me rembourser sur Anvers.

$$200.000 \times 99{,}9375 = \underline{\underline{199.875 \text{ francs.}}}$$

Conclusion : L'achat à Vienne des 200.000 francs de papier belge réglé par une remise, puis la reprise de ce montant au moyen d'une traite sur Anvers me procureront un bénéfice s'élevant à :

$$199.875 - 199.100{,}20 = 774{,}80$$

ou 3,891 0/00 de la somme déboursée.

*N. B.* — Si les 200.000 francs sont en papier long négociable, la considération des taux d'intérêt pratiqués à Vienne, Anvers et Paris pourrait modifier cet état de choses et me conduire à des conclusions différentes.

**16.** — *Je trouve à Paris l'occasion d'acheter* 150.000 *florins papier court sur la Hollande, au prix de* 208 5/8. *Au même instant on pratique les cours suivants :*

| | | |
|---|---|---|
| *Amsterdam cote Paris* | ................ | 48,07 1/2 |
| — *Londres* | ............. | 12,06 |
| *Londres cote Amsterdam* | ............. | 12,04 1/2 |
| — *Paris* | .................. | 25,15 |
| *Paris cote Londres* | .................. | 25,12 1/2 |

*Dois-je traiter cet achat ?*

Je pourrais me faire couvrir par une remise sur Paris.

Mais :

$$208{,}625 \times 48{,}075 = 10.029{,}6468..... > 10.000 ;$$

l'opération des remises croisées n'est donc pas avantageuse.

Essayons de vendre les florins à Londres. Et remarquons, à ce propos, que le règlement avec Londres devra se faire par remise (25,125 < 25,15). Voyons ce que produirait ainsi la vente de 100 florins. Ce produit serait $\left(\frac{100}{12,045}\right)$ £ et la couverture au moyen d'une remise sur Paris achetée à Londres donnera finalement :

$$\frac{100 \times 25,15}{12,045} = 208,80$$

contre 208,625 de prix d'achat, soit 0,838 0/00 bénéfice.

Je n'ai pas à envisager l'hypothèse dans laquelle Amsterdam, ayant reçu les florins, adresserait la contre-valeur à Londres, par une remise en £ dont Londres me couvrirait à son tour ; ceci me donnerait :

$$\frac{100 \times 25,15}{12,06},$$

c'est-à-dire moins que dans le cas ci-dessus.

Et, pour épuiser la question, voyons ce que produirait la vente à Paris de papier anglais acheté à Amsterdam au moyen de mes florins. Ce sera :

$$\frac{100 \times 25,125}{12,06},$$

c'est-à-dire moins encore. Inutile de faire le chiffrage : cela se voit aisément.

Conclusion :

J'achète à Paris les 150.000 florins, ce qui m'oblige à dépenser :

| | |
|---|---|
| $150.000 \times 2,08625 =$ | 312.937 fr. 50 |
| Je les expédie à Londres qui m'adresse après vente leur produit en une remise. Je reçois $\frac{150.000 \times 25,15}{12,045} =$ | 313.200 fr. 50 |
| Bénéfice........ | 263 francs |

ou 0,838 0/00, comme nous l'avons déjà vu.

**17.** — *J'ai besoin de* 150 *kilos d'argent à* 0,950. *Ce métal est* *coté à Paris* 90,60 *et à Londres* 24 5/8. *Paris cote Londres (chèque)* 25,20 1/4; *Londres cote Paris à vue* 25,21 1/2. *Les frais pour faire venir de l'argent de Londres à Paris s'élèvent à* 2 1/2 0/00. *Dois-je acheter ici ou à Londres?*

Choisissons d'abord le mode de règlement. Pour payer à Londres une £ je débourserais par remise 25,20 1/4; par traite 25,21 1/2. La voie de remise est donc préférable.

Ceci constaté, je tire la parité :

$$\frac{24,625 \times 25,2025}{6,9042} = 89 \text{ fr. } 8889$$

| | |
|---|---|
| Frais 2 1/2 0/00.. | 0 fr. 2247 |
| Prix de revient... | 90 fr. 1136 |

pour 1 kilogramme d'argent fin.

A Paris je paierais 90,60, c'est-à-dire que je gagnerai $0^{f},4864$ par kilo fin acheté à Londres (soit une économie d'environ 17/32 0/0).

Voyons maintenant le décompte effectif. Il me faut $142^{kg},5$ d'argent pur. On m'offre sur la place de Londres un stock d'argent au titre moyen de 0,953; je donne l'ordre d'acheter la contre-valeur de

$$\frac{142,5}{0,953} = 149^{kg},527.$$

Cette contre-valeur, en poids anglais, serait :

$$\frac{149,527}{31,103} = \text{oz } 4\,807,478.$$

Mon correspondant arrête son choix sur un lot pesant oz 4812,8 au titre ci-dessus indiqué de 0,953.

Décompte de l'achat :

| *Brut* | *Titre* | *Standard* | |
|---|---|---|---|
| oz 4812,8 | 0,953 | oz 4958,483 | |
| | à 24 5/8 | ..................... | £ 508.15.2 |
| | Frais 2 1/2 0/00 | ............. | 1. 5.5 |
| | | Ensemble........... | £ 510. 0.7 |
| | | à 25,20 1/4.......... | 12.854 francs |

A Paris, j'aurais dépensé :

4812,8 × 31,103 = 149$^{kg}$,692 au titre 0,953 ;

| | |
|---|---|
| Soit 142$^{kg}$,656 de fin à 90,60 ............... | 12.924 fr. 63 |
| Économie résultant de l'achat à Londres..... | 70 fr. 63 |

**18.** — *A New-York, le change sur Londres se négocie au cours de* 4 $ 83 7/8 *pour* 1 £ *à* 60 *jours. Taux à Londres* 3 0/0. *Londres cote Paris* 25,17 1/2 *à vue et Paris cote Londres* 25,18. *Un négociant parisien me demande de lui vendre* 50.000 *dollars à vue sur New-York. Sachant que je veux gagner* 1 0/00 *sur l'opération qui consistera à faire tirer mon correspondant de New-York sur Londres, quel prix vais-je demander à ce négociant parisien ?*

Ramenons à vue la cote de Londres à New-York.

| | |
|---|---|
| Cours à 60 jours.................... | 4,83875 |
| Plus 60 jours à 3 0/0................ | 0,02419 |
| Cours à vue........... | 4,86294 |

New-York, pour se rembourser de 1 dollar, doit tirer $\frac{1}{4,86294}$ £ à vue sur Londres.

Londres se remboursera sur moi par traite (25,175 < 25,18). Et je paierai :

$$\frac{25,175}{4,86294} = 5 \text{ fr. } 1769 \text{ par dollar.}$$

| | |
|---|---|
| Bénéfice 1 0/00. | 0 fr. 0052 |
| Total....... | 5 fr. 1821 |

en supposant bien entendu, que je n'aie ni frais appréciables, ni commission à payer à mes correspondants. (Dans le cas contraire il faudrait en tenir compte.)

Je ferai donc le prix de 5,18 1/4 pour ne pas me tromper. Supposons que ce prix soit accepté.

J'encaisse :

| | |
|---|---|
| $ 50.000 à 5,18 1/4.......................... | 259.125 francs |

Par contre, voici ma dépense :

| | |
|---|---|
| \$ 50.000 à 4,86294.......... | £ 10.281.1.8 |

laquelle somme, couverte par un tirage sur moi à fr. 25,17 1/2, donne

| | |
|---|---|
| | 258.845 fr. 30 |
| Bénéfice.............. | 279 fr. 70 |

soit un peu plus de 1 0/00 conformément à mes prévisions.

19. — *Sachant que la pièce de 20 francs (du poids supposé 6gr,437 au titre 0,8999) vaut à Amsterdam fl. 9,60; sachant en outre que le change sur Amsterdam est à 208 5/8, on demande à quelle prime sur l'or correspondrait l'achat de ladite pièce de 20 francs dans les conditions qui précèdent.*

*Nous supposerons que les frais s'élèvent à 1 1/2 0/00.*

| | |
|---|---|
| Pour 9 fl. 60 à 2 fr. 08625, soit........... | 20 fr. 028 |
| Plus 1 1/2 0/00........................ | 0 fr. 030 |
| Soit................. .... | 20 fr. 058 |

on obtient une quantité d'or fin égale à :

$$6,437 \times 0,899 = 5^{gr},792656.$$

Le kilo fin ressort ainsi à :

| | |
|---|---|
| $\frac{20.058}{5,792656} =$ | 3.462 fr. 66 |
| Le pair étant de...................... | 3.347 fr. |
| Il s'ensuit que la prime payée est de. | 25 fr. 66 |

ou 7,465 0/00.

Des pièces moins usées et par conséquent plus lourdes correspondraient à une prime sur l'or sensiblement moindre.

20. — *Barcelone cote Londres* 27,18 (*pesetas pour* 1 £ *à vue*) *et Hambourg* 130 (*pesetas pour* 100 *M. à trois mois, taux* 4 0/0).

*Paris cote Londres* 25,23 1/2, *l'Allemagne* 123 3/8 *et l'Espagne* 466.

*Me proposant de remettre à Barcelone* 300.000 *pesetas, j'ai le choix entre :*

*La remise de papier anglais* }
*La remise de papier allemand* } *achetés à Paris*
*La remise de papier espagnol* }

*Quel procédé emploierai-je ?*

*Papier anglais.* — Un effet d'une £ me coûte.... 25 fr. 235
Sa vente à Barcelone produit.. 27 $p^{as}$ 18

De sorte que pour me faire créditer d'une peseta à Barcelone je dépenserai :

$$\frac{25,235}{27,18} = 0 \text{ fr. } 92844.$$

*Papier allemand.* — Il faut d'abord ramener à vue la cote du papier allemand à Barcelone ; pour cela j'augmente le cours de 1 0/0 (3 mois à 4 0/0) et j'obtiens 131,30.

Un effet de 100 marks me coûte ici.... 123 fr. 375
Sa vente à Barcelone produit......... 131 $p^{as}$ 30

De sorte que pour me faire crédit d'une peseta à Barcelone, je dépenserai :

$$\frac{123,35}{131,30} = 0 \text{ fr. } 93945.$$

*Papier espagnol.* — Ce papier coûte fr. 466 pour 500 pesetas ; soit pour une peseta $0^{f}$,932.

Par suite, je couvrirai mes 300.000 pesetas en me procurant à Paris **£ 11.040** environ de papier sur Londres.

Ce papier produira, à Barcelone :

11.040 £ à 27 $p^{as}$ 18............ 300.067 $p^{as}$ 20

qui permettront de faire le paiement nécessaire.

Les deux autres modes de règlement présentent avec celui-ci les différences suivantes (par peseta) :

Papier sur l'Espagne........... 0,00356, soit 3,83 0/00
Papier sur Hambourg........... 0,01101, soit 1,18 0/00

La méthode de règlement adoptée me fait donc économiser une centaine de francs dans le premier cas et près de 300 francs dans le second.

# CHAPITRE X

## CONCLUSION

Résumons en quelques mots l'exposé qui précède, et disons ce que le lecteur, qui aura bien voulu nous suivre jusqu'au bout, doit én avoir retenu.

Les sommes exprimées en francs, marks, livres sterling, pesetas, dollars, roubles, etc., sont autant de poids d'or étiquetés d'un nom différent. Le gramme d'or (ou le kilogramme pour les grosses sommes) est donc la véritable unité monétaire internationale.

On peut faire passer une certaine quantité d'or d'un pays dans un autre, soit en l'expédiant purement et simplement dans une caisse, soit en adressant au destinataire des choses quelconques échangeables contre l'or; par exemple des effets de commerce, des billets de banque, des lingots d'argent, des valeurs mobilières, des marchandises de consommation, etc., etc. Le véhicule type, celui qu'on emploie le plus volontiers, c'est l'effet de commerce payable dans le lieu de destination.

Mais les effets de commerce ne sont eux-mêmes que la représentation de créances exigibles à l'étranger, et ces créances résultent d'échanges antérieurs, envoi de marchandises ou prêt de capitaux productifs d'intérêts. Si, toutes compensations faites, la France est finalement créancière d'un pays, les effets sur ce pays seront plus offerts que demandés et leur prix tombera au-dessous du pair. Si, au contraire, la France est débitrice, le papier étranger devient rare ; son prix s'élève progressivement, c'est-à-dire qu'il faut, pour l'acquérir, débourser en monnaie française plus que l'équivalent légal de la somme exigible. Telle est la signification des fluctuations du change.

Quand le change excède le pair, ou, plus exactement, le gold-point de sortie, la France exporte de l'or; elle en reçoit dans le cas contraire. Ce dernier phénomène a pu être observé il y a peu de temps.

Tous les cours tendent à se rapprocher de la parité, car les arbitragistes sont à l'affût de la moindre différence et effectuent des opérations qui rendent plus offert ou plus demandé le papier dont il s'agit, ce qui rétablit promptement l'équilibre. Il est évident par exemple que si, au même moment, un effet de 1 £ peut être acheté 25 fr. 25 à Paris et un effet de 25 fr. 30 vendu 1 £ à Londres, les banquiers parisiens vont se hâter d'acheter tout le papier sur Londres qu'ils pourront trouver, et de l'échanger à Londres contre du papier sur la France afin de gagner 0 fr. 05 par £ [1]. Mais, par le fait même de cette recherche, le cours du Londres à Paris va monter à 25 fr. 26, puis 25 fr. 27, enfin 25 fr. 30, de sorte que l'opération deviendra promptement infructueuse.

Le taux de l'intérêt, c'est-à-dire le loyer à payer pour obtenir dans un pays déterminé la libre disposition d'une certaine quantité d'or pendant un certain temps, exerce une influence importante sur les opérations de change.

Si le change monte beaucoup, les débiteurs trouvent avantage à expédier de l'or au lieu du papier; mais les capitalistes ou les banques qui détiennent cet or font payer l'intérêt plus cher et exigent en outre une prime croissante avec la rareté du métal.

Tel est l'aspect général des questions de change. Mais, ne oublions pas, les phénomènes de cet ordre n'obéissent pas toujours à des causes simples, faciles à saisir et à définir. Ils euvent subir des perturbations provenant de motifs différents, parfois contradictoires ; et l'on doit se tenir en garde contre les erreurs d'appréciation qu'une observation superfic elle des faits pourrait occasionner.

(1) Dans la pratique, on n'observe guère de différences aussi fortes.

# APPENDICE

## MEMENTO DES PROCÉDÉS USUELS DE CALCUL

NOTA. — Il est utile de connaître par cœur la table de multiplication par 12 des 9 premiers nombres.

### Intérêts

*Formule générale.* — Soient $a$ le capital, $t$ le taux pour 100 unités de capital, $n$ le nombre de jours courus, $i$ l'intérêt correspondant.

Formule générale :

(1) $$i = \frac{atn}{36.000}$$ (année supposée de 360 jours) ;

et

(2) $$i' = \frac{atn}{36.500}$$ (pour l'année de 365 jours).

*Méthode des nombres et des diviseurs fixes.* — De la formule (1) on tire, en divisant haut et bas par $t$,

(3) $$i = \frac{an}{D} \qquad \left(D = \frac{36.000}{t}\right).$$

Valeurs de D employées en pratique :

| | |
|---|---|
| Taux 3 0/0 | D = 12.000 |
| — 3,60 0/0 | 10.000 |
| — 4 0/0 | 9.000 |
| — 4 1/2 0/0 | 8.000 |
| — 5 0/0 | 7.200 |
| — 6 0/0 | 6.000 |

Pour l'année de 365 jours on aurait (formule (2)) :

$$i' = \frac{an}{D'} \qquad \left(D' = \frac{36.500}{t}\right).$$

Cette formule pour $t = 5$ 0/0 donne $D' = 7.300$.

Dans ce cas particulier on emploie la formule approximative suivante (usitée en Angleterre) :

$$(4) \qquad i = \frac{an}{10.000}\left(1 + \frac{1}{3} + \frac{1}{30} + \frac{1}{300}\right).$$

*Méthode des parties aliquotes du capital.* — Reprenons la formule (3) :

$$i = \frac{an}{D}.$$

Si $a = D$, $i = n$.

En conséquence :

| | | | | | | | | |
|---|---|---|---|---|---|---|---|---|
| à 3 0/0 | un capital de | 12.000 | francs produit | $n$ | francs en | $n$ | jours |
| 4 0/0 | — | 9.000 | — | $n$ | — | $n$ | — |
| 4 1/2 0/0 | — | 8.000 | — | $n$ | — | $n$ | — |

et ainsi de suite.

On part de cette base pour décomposer le capital donné.

*Méthode des parties aliquotes du temps.* — Reprenons encore la formule (3) :

$$i = \frac{an}{D}.$$

Si $n = \frac{D}{100}$, $i = \frac{a}{100}$.

En conséquence :

| | | | | | | |
|---|---|---|---|---|---|---|
| à 3 0/0 | le capital | $a$ | produit | $\frac{a}{100}$ | en 120 | jours |
| 4 0/0 | — | $a$ | — | $\frac{a}{100}$ | en 90 | — |
| 4 1/2 0/0 | — | $a$ | — | $\frac{a}{100}$ | en 80 | — |

et ainsi de suite.

On part de cette base pour décomposer le nombre de jours donné.

*Méthode des parties aliquotes du taux.* — Calculer d'abord à un taux simple, puis passer de là au taux cherché.

Exemples : pour 3 7/12 0/0 :
Calculer d'abord à 3 0/0 ;
puis à 6/12 0/0 (1/6 de 3 0/0) ;
puis à 1/12 0/0 (1/6 de 6/12 0/0) et additionner.
Pour 2 3/4 0/0 :
Calculer à 3 0/0 ;
puis retrancher 1/4 0/0 (1/12 de 3 0/0).

*Méthode des banquiers.* — C'est un cas particulier des parties aliquotes du temps. On prend comme point de départ le taux de 6 0/0 qui donne, pour 60 jours, le 1/100 du capital comme intérêt.

La base 60, admettant beaucoup de diviseurs, se décompose plus facilement que toute autre : d'où son emploi fréquent.

*Exemples de calculs.* — Trouver l'intérêt de 2.480 francs à 4 1/2 0/0 pendant 57 jours.

Par les parties aliquotes du capital :

| à 4 1/2, | | | |
|---|---|---|---|
| 8.000 francs | en 57 jours | rapportent | 57 fr. » |
| 2.000 (1/4) | — | — | 14 fr. 25 |
| 400 (1/5) | — | — | 2 fr. 85 |
| 80 (1/100 de 8.000) | — | — | 0 fr. 57 |
| 2.480 | | | 17 fr. 67 |

Par les parties aliquotes du temps :

| en 80 jours | l'intérêt serait | 24,80 (1/100 du capital) |
|---|---|---|
| 40 (1/2) | — | 12,40 |
| 10 (1/4) | — | 3,10 |
| 5 (1/2) | — | 1,55 |
| 2 (1/5 de 10 jours) | — | 0,62 |
| 57 | | 17,67 |

Par la méthode des banquiers :

| | | |
|---|---|---|
| à 6 0/0 en 60 jours | l'intérêt serait | 24,80 |
| 30 (1/2) | — | 12,40 |
| 15 (1/2) | | 6,20 |
| 12 (1/5 de 60 jours) | — | 4,96 |
| 57 jours à 6 0/0 | — | 23,56 |
| à 1 1/2 0/0 (1/4 de 6 0/0) | | 5,80 |
| Reste 4 1/2 0/0 | | 17,67 |

*Intérêt de plusieurs capitaux :*

| | | | | | |
|---|---|---|---|---|---|
| Soient | $a_1$, | $a_2$, | $a_3$ | ... | francs, |
| placés pendant | $n_1$, | $n_2$, | $n_3$ | ... | jours, |

au taux $t$ 0/0 (diviseur D),

on a : $S_{(i)} = \frac{a_1n_1 + a_2n_2 + a_3n_3 + \dots}{D}$.

(Application continuelle aux bordereaux, comptes courants, etc.)

## Règle conjointe

Pour poser les équivalences, faire en sorte : 1° que le dernier terme de chacune et le premier terme de celle qui suit soient de même espèce; 2° que le tout dernier terme soit de même espèce que le tout premier.

Exemple :

| | | | | | | |
|---|---|---|---|---|---|---|
| $x$ | objets de l'espèce | $m$ | valent | $a$ | objets de l'espèce | $n$ |
| $b$ | — | $n$ | — | $c$ | — | $p$ |
| $d$ | — | $p$ | — | $e$ | — | $q$ |
| $f$ | — | $q$ | — | $g$ | — | $m$ |

On peut écrire :

$$x \times b \times d \times f = a \times c \times e \times g.$$

(C'est la règle de trois composée.)

D'où :

$$x = \frac{a \times c \times e \times g}{b \times d \times f}.$$

Exemple numérique :

| | |
|---|---|
| $x$ francs pour | 1 mètre de soie ; |
| Si 8 mètres de soie valent | 2 1/4 guinées ; |
| Si 1 guinée vaut | 21 shillings ; |
| Si 20 shillings valent | 25 fr. 19 ; |

$$x = \frac{1 \times 2{,}25 \times 21 \times 25{,}19}{8 \times 1 \times 20} = 7 \text{ fr. } 44.$$

## Monnaies anglaises

1 livre sterling (£) = 20 shillings = 240 pence (d.)
1 shilling = 12 pence.

*Transformation en décimales :*

1 shilling = £ 1/20 = £ 0,05 ;
1 penny = £ 1/240 = £ 0,0041666... = £ 0,004 1/6.

Application :
£ 0. 7. 9 :

| | | | |
|---|---|---|---|
| 7 shillings | = | £ 0,35 | (7 × 0,05) |
| 9 d. | = | 0,036 | (9 × 0,004) |
| | + | 0,0015 | (1/6 de 0,009) |
| Réponse : | | £ 0,3875 | |

*Décimales en £, sh. et d.* — On multiplie par 20 ; la partie entière donne des sh.

Puis on multiplie les décimales du produit par 12 et on a les d.

Exemple :

| | | |
|---|---|---|
| | £ 0,3875 | |
| × 20 = | 7,750 | (7 sh. et 0 sh. 750) |
| 0,75 × 12 = | 9,00 | (9 d.) |
| Réponse : | £ 0. 7. 9 | |

*Réduction en pence et inversement :*

1° £ 5. 11. 8 :

5 × 20 = 100 shillings
\+ 11
111 × 12 = 1.332 pence
\+ 8
Réponse : 1.340 pence.

2° 1.340 d. :

| 1.340 | 12 | |
|---|---|---|
| 14 | 111 | 20 |
| 20 | 11 | 5 |
| 8 | | |

Réponse : 5. 11. 8.

*Réduction en francs de £ et fractions :*

£ 13. 17. 11 à 25,18 1/4.

Premier procédé :

| | |
|---|---|
| £ 13 | 13,000 |
| £ 0. 17 | 0,850 |
| £ 0. 0. 11 | 0,044 |
| + | 0,002 (par approximation) |
| | £ 13,896 |

× 25,18 = 349,90
\+ 1/4 de 0,1389 = 0,034
25,1825 — 349,934

Réponse : 349 fr. 93.

Deuxième procédé :

| | | | | |
|---|---|---|---|---|
| | | 1.389,6 (produit par 100) | | |
| 1/4 | = | 347,400 | (produit par 25) | |
| 1/10 de 13,896 | = | 1,389 | ( — | 0,10) |
| 0,13896 × 8 | = | 1,111 | ( — | 0,08) |
| 1/4 de 0,13896 | = | 0,034 | ( — | 0,0025) |
| | | fr. 349,934 | | 25,18 1/4 |

Troisième procédé (pence à 0 fr. 105) :

£ 13,17 = 13,85
1.385,000

| | | | |
|---|---|---|---|
| 1/4 | = | 346,250 | (produit par 25,00 des £ et sh.) |
| 1/10 de 13,85 | = | 1,385 | ( — 0,10) |
| 0,1385 × 8 | = | 1,108 | ( — 0,08) |
| 1/4 de 0,1385 | = | 0,034 | ( — 0,0025) |
| + 11 d. à 0,10 | = | 1,100 | valeur des d. |
| + 11 fois 0,005 | = | 0,055 | |
| | | 349,932 | |

*Réduction de francs et centimes en £, sh., d. :*

349fr,934 à 25,18 1/4

| | | |
|---|---|---|
| | 3499340 | 251825 |
| | 981090 | 13. 17. 11 |
| | 225615 | |
| × 20 = | 4512300 | |
| | 1994050 | |
| | 231275 | |
| × 12 = | 2775300 | |
| | 257050 | |
| | 5225 | |

*Calculs d'intérêts.* — £ 49. 6. 10 à 3 0/0 en 80 jours. Transformons en d.

49 × 20 = 980
+ 6
986 × 12 = 11.832
+ 10
11.842 pence

Multiplions par le nombre de jours :

11.842 × 81 = 959.202.

Appliquons la formule (4) page 78 :

| | |
|---|---|
| 1/10.000 ...................... | 95,9202 |
| 1/3 ...................... | 31,9734 |
| 1/30 ...................... | 3,1973 |
| 1/300 ...................... | 0,3197 |
| Intérêts à 5 0/0 ........... | 131,4106 pence |
| à 2 1/2 0/0 ........ | 65,7053 |
| à 1/2 0/0 ........ | 13,1410 |
| 3 0/0 ........ | 78,8463 pence |

Retour aux sh. et d.

78,84 | 12
6,84 | 6

Réponse : £ 0. 6. 6 27/32.

### Poids et titres anglais

1 livre troy = 12 onces = 240 pennyweights = 5.760 grains
1 oz 20 dwt = 480 —
1 dwt = 24 —

Equivalent en poids français :

1 oz = 31gr,103 environ.

*Calcul du « standard ».* — 1° Pour l'or. — Soit un lingot pesant oz 687,13, titre 0,9942. Quel est le poids d'un lingot équivalent mais qui serait au titre légal (11/12)?

Les poids d'or pur doivent être les mêmes.

Lingot proposé — Lingot cherché

$$687,13 \times 0,9942 = x \times 11/12.$$

$$\text{Réponse : } x = \frac{687,13 \times 0,9942 \times 12}{11} = 745,248 \text{ oz.}$$

On peut supprimer la division en observant que :

$$12/11 = 1,090909,$$

ce qui conduit au calcul ci-après :

$$687,13 \times 0,9942 \times 1,0909.$$

Dans notre exemple, on aurait ceci :

687,13 × 0,9942 = 683,144646 (qui × 0,09 = 61,48301814)

| | |
|---|---|
| ajoutons................ | 61,483018 |
| puis.................... | 0,614830 |
| et...................... | 0,006148 |
| il vient................ | 745,248642 |

(Les trois dernières décimales peuvent être négligées.)

2° **Pour l'argent.** — Soit un lingot pesant : oz 9076,25, titre 0,983.

On ferait le même raisonnement que pour l'or, et le calcul serait identique, à cela près que le titre légal est 37/40.

$$\text{Réponse : } \frac{9.076,25 \times 0,983 \times 40}{37} = 9.645,355.$$

On peut supprimer la division en remarquant que :

$$40/37 = 1,08108...,$$

ce qui conduit au calcul ci-après :

$$9.076,25 \times 0,983 \times 1,08108.$$

Dans notre exemple on aurait ceci :

9.076,25 × 0,983 = 8.921,95375 (qui × 0,08 = 713,756300)

| | |
|---|---|
| ajoutons................ | 713,75630 |
| nous avons le produit par 1,08.................. | 9.635,71005 |
| ajoutons le produit par 0,00108............... | 9,63571 |
| et enfin................ | 0,00963 |
| il vient................ | 9.645,35539 |

Ces chiffrages d'apparence rébarbative se font rapidement et sûrement à l'aide d'une machine à calculer. Les appareils de ce genre se trouvent aujourd'hui couramment dans le commerce. Beaucoup ne coûtent pas plus cher qu'une machine à écrire de bonne marque ; ils rendent au moins autant de services, peut-être même davantage. En ce qui me concerne, je m'en sers journellement depuis des années avec le plus grand profit.

CONVERSION EN DÉCIMALES DES 32[es] ET MULTIPLES :

| 1/32 | 1/16 | 1/8 | 1/4 | 1/2 | Décimales | 1/32 | 1/16 | 1/8 | 1/4 | 1/2 | Décimales |
|---|---|---|---|---|---|---|---|---|---|---|---|
| **1/32** | | | | | 0,03125 | **17/32** | | | | | 0,53125 |
| 2/32 | **1/16** | | | | 0,06250 | 18/32 | **9/16** | | | | 0,56250 |
| **3/32** | | | | | 0,09375 | **19/32** | | | | | 0,59375 |
| 4/32 | 2/16 | **1/8** | | | 0,12500 | 20/32 | 10/16 | **5/8** | | | 0,62500 |
| **5/32** | | | | | 0,15625 | **21/32** | | | | | 0,65625 |
| 6/32 | **3/16** | | | | 0,18750 | 22/32 | **11/16** | | | | 0,68750 |
| **7/32** | | | | | 0,21875 | **23/32** | | | | | 0,71875 |
| 8/32 | 4/16 | 2/8 | **1/4** | | 0,25000 | 24/32 | 12/16 | 6/8 | **3/4** | | 0,75000 |
| **9/32** | | | | | 0,28125 | **25/32** | | | | | 0,78125 |
| 10/32 | **5/16** | | | | 0,31250 | 26/32 | **13/16** | | | | 0,81250 |
| **11/32** | | | | | 0,34375 | **27/32** | | | | | 0,84375 |
| 12/32 | 6/16 | **3/8** | | | 0,37500 | 28/32 | 14/16 | **7/8** | | | 0,87500 |
| **13/32** | | | | | 0,40625 | **29/32** | | | | | 0,90625 |
| 14/32 | **7/16** | | | | 0,43750 | 30/32 | **15/16** | | | | 0,93750 |
| **15/32** | | | | | 0,46875 | **31/32** | | | | | 0,96875 |
| 16/32 | 8/16 | 4/8 | 2/4 | **1/2** | 0,50000 | 32/32 | 16/16 | 8/8 | 4/4 | 2/2 | 1,00000 |

PROGRESSION :

| | | | | | | | |
|---|---|---|---|---|---|---|---|
| 1/32 | 1/16 | 3/32 | 1/8 | 5/32 | 3/16 | 7/32 | 1/4 |
| 9/32 | 5/16 | 11/32 | 3/8 | 13/32 | 7/16 | 15/32 | 1/2 |
| 17/32 | 9/16 | 19/32 | 5/8 | 21/32 | 11/16 | 23/32 | 3/4 |
| 25/32 | 13/16 | 27/32 | 7/8 | 29/32 | 15/16 | 31/32 | 1 |

# TABLE DES MATIÈRES

## CHAPITRE IV

### RÈGLEMENTS EFFECTUÉS A L'AIDE DES EFFETS DE COMMERCE. COURS DU CHANGE. — GOLD-POINTS



## CHAPITRE V

### COTE DES CHANGES. — CERTAIN ET INCERTAIN



## CHAPITRE VI

### NÉGOCIATION DES EFFETS SUR L'ÉTRANGER. — AVALS

## CHAPITRE VII

### ARBITRAGES SUR CHANGE DIRECT. — PARITÉS. NIVELLEMENT DES COURS



## CHAPITRE VIII

### ARBITRAGES COMPLEXES



## CHAPITRE IX

### RÉSOLUTION DE QUELQUES PROBLÈMES

## CHAPITRE X



## APPENDICE

### MEMENTO DES PROCÉDÉS USUELS DE CALCUL

TOURS
IMPRIMERIE DESLIS FRÈRES
6, rue Gambetta, 6

## COURS DE CHIMIE (1 vol.)

PAR

**E. CHARABOT**
Docteur ès sciences
Inspecteur de l'Enseignement technique
Professeur à l'École des Hautes Études Commerciales

**E. MILHAU**
Professeur de l'École pratique de Commerce et d'Industrie de Béziers

Préface de **M. HALLER**, membre de l'Institut

*(Section commerciale)* (Sous presse)

## NOTIONS DE GÉOMÉTRIE DESCRIPTIVE
### APPLIQUÉE AU DESSIN (1 vol.)

PAR

**F. HARANG**
Professeur à l'École pratique d'Industrie de St-Étienne

**H. BEAUFILS**
Directeur à l'École pratique d'Industrie de St-Étienne

*(Section industrielle)*

Paru. In-16 de VII-172 pages, avec 142 fig. .......... **2 50**

## COURS DE MÉCANIQUE INDUSTRIELLE (3 vol.)

PAR

**E. GOUARD**
Professeur de l'École pratique d'Industrie de Boulogne-sur-Mer

**G. HIERNAUX**
Licencié ès sciences mathématiques
Professeur à l'École pratique d'Industrie de Reims

Préface de **M. FARJON**, ancien élève de l'École Polytechnique
Inspecteur de l'Enseignement technique

*(Section industrielle)*

Paru. Tome I. In-16 de VIII-320 pages, avec 334 fig. .......... **4 »**
— — II. In-16 de 359 pages, avec 327 fig. .......... **4 50**
— — III. In-16 de 182 pages, avec 127 fig. .......... **2 50**

## COURS D'ÉLECTRICITÉ INDUSTRIELLE (1 vol.)

PAR

**P. ROBERJOT**
Ancien élève de l'École supérieure d'Électricité
Professeur à l'École pratique d'Industrie de Reims

Préface de **M. P. JANET**
Professeur à l'Université de Paris. Directeur de l'École supérieure d'Électricité

*(Section industrielle)*

Paru. In-16 de X-352 pages, avec 368 fig. .......... **4 50**

## COURS DE GÉOGRAPHIE COMMERCIALE (1 vol.)

PAR

**E. BERTRAND**
Professeur à l'École pratique de Commerce et d'Industrie de Bordeaux

Préface de **M. MÉTIN**
Professeur au Conservatoire national des Arts et Métiers

*(Section industrielle et commerciale)*

Paru : 3e année. In-16 de XVI-360 p., av. 42 fig. et 1 pl. hors texte. **4 »**

## COURS D'HYGIÈNE INDUSTRIELLE (1 vol.)

PAR

**Dr F. HEIM**
Professeur au Conservatoire national des Arts et Métiers

**Dr P. BONNEVILLE**
Professeur à l'Ecole pratique de Commerce et d'Industrie de Mazamet

*(Section industrielle)* (Sous presse)

## COURS D'ARITHMÉTIQUE

PAR

**P. PHILIPPE**
Professeur agrégé de l'Université
Examinateur à l'Ecole supérieure pratique de Commerce et d'Industrie de Paris

**F. DAUCHY**
Professeur à l'Ecole pratique de Commerce et d'Industrie de Maubeuge

*(Section industrielle)*

Paru. In-16 de VIII-488 pages, avec fig.......................... **4 75**

## ÉLÉMENTS D'ALGÈBRE

(Faisant suite au *Cours d'Arithmétique*)

PAR LES MÊMES AUTEURS

*(Section industrielle)*

Paru. In-16 de VI-268 pages, av. fig.......................... **3 50**

## COURS DE GÉOMÉTRIE (2 vol.)

PAR

**P. PHILIPPE**
Professeur agrégé de l'Université
Examinateur à l'Ecole supérieure pratique de Commerce et d'Industrie de Paris

**M. FROUMENTY**
Directeur de l'Ecole pratique de Commerce et d'Industrie de Grenoble

*(Section industrielle et commerciale)*

Paru : Tome I. 1re année. In-16 de VIII-244 pages, avec 400 figures.. **3 50**
— — II. 2e année. In-16 de VI-362 pages, avec 386 figures... **4 50**

## COURS D'ARITHMÉTIQUE ET DE CALCUL ALGÉBRIQUE (1 vol.)

PAR

**P. PHILIPPE**
Professeur agrégé de l'Université
Examinateur à l'Ecole supérieure pratique de Commerce et d'Industrie de Paris

**F. DAUCHY**
Professeur à l'Ecole pratique de Commerce et d'Industrie de Maubeuge

*(Section commerciale)* (Sous presse)

## PRÉCIS DE LÉGISLATION USUELLE ET COMMERCIALE

PAR

**Paul ANGLÈS**
Directeur de l'Ecole Commerciale de Paris (Avenue Trudaine)

**Émile DUPONT**
Docteur en droit
Professeur à l'Ecole Commerciale de Paris

*(Section commerciale)*

Paru. In-16 de VIII-483 pages.......................... **4 50**

TOURS, IMPRIMERIE DESLIS FRÈRES.

www.ingramcontent.com/pod-product-compliance
Lightning Source LLC
LaVergne TN
LVHW050422160826
845677LV00002BA/482